登山家・高橋和之《ダンプさん》の歩んだ道

山人生いい加減

小林千穂

信濃毎日新聞社

はじめに

当時、世界最難関の壁といわれたヨーロッパアルプスのグランド・ジョラス北壁を登攀し、山上で結婚式を挙げる。その数年後にはネパール側と中国側から夫婦それぞれがエベレストに挑戦し、山頂で会うという前代未聞の挑戦に挑んだ。さらには、世界第6位の高峰であるチョ・オユーからパラグライダーで空を飛び、最高所飛行の世界記録を樹立――。世界中の誰も思いつかないような大冒険に挑んできたのが、この本の主人公、ダンプさんこと高橋和之さんだ。

こうした挑戦をする一方で、東京、横浜、松本と3店舗を展開する登山用品店「カモシカスポーツ」と、登山具メーカー「ヘリテイジ」の2社を経営し、事業を成功に導いてきた。

そんなダンプさんはどんな人物かというと……。

ビールはグラスにきれいな泡の輪が残るような飲み方がいいんだと言ってジョッキを豪快に空け、仲間たちと冗談を言い合っては、ワッハッハとお腹の底から笑う。「ダンプ」というあだ名の通り、大きな体で、豪快。並み外れたエネルギーを持った人だ。しかし、豪放磊落《ごうほうらいらく》とは少し違う。小さな約束も極力守ろうとする、有言実行の人。そして、誰に対してもゆったりと、おおらかな口調で話し、細やかな気遣いをする繊細な面を持つ。

私も山の世界に生き、さまざまな「山の人」を見てきた。山に生きる人は、エネルギッシュでドラマチックな人生を送ることが多いけれど、私はダンプさん以上に力強く、多くの人と関わりながら生きている人に会ったことがない。

そのエネルギーの源はいったい何なのか。好きなことをして生き、成功するには何が必要なのか。私は、高橋和之という人物を通して知りたくなった。

これからダンプさん本人と、ダンプさんに関わりの深い人たちを訪ねながら、登山界繁栄の一端を担い、多くの人に影響を与えてきたダンプさんの人生を浮き彫りにしていきたいと思う。きっと、私たちがこれから生きていくうえでのヒントになることがたくさん見つけられるだろう。

山人生いい加減

登山家・高橋和之《ダンプさん》の歩んだ道

プロローグ

ダンプさんとの出会い

本編に入る前に、私がダンプさんと出会ったころの話を少ししよう。これからの話の中心となる経営者の顔とも、登山家の顔とも少し違う一面を知ってもらえると思うからだ。

私がダンプさんと出会ったのは今から20年前にさかのぼる。初めて会ったのは北アルプス南部、長野県松本市の涸沢《からさわ》というところ。日本第3位の標高を誇り、山姿の美しさと簡単には人を寄せつけない険しさから、多くの登山者が憧れる穂高岳の中腹にある。私は「山で働きたい」という思いと、穂高への強い憧れの気持ちから、涸沢ヒュッテという山小屋の従業員となった。涸沢は標高約2300m。冬は完全に雪に閉ざされ、登山者が入れるようになるのは4月下旬からだ。山小屋も冬は休業し、毎年、ゴールデンウイークに間に合うよう、営業を開始する。

その年、私も新人の従業員として十数人の仲間とともに小屋開けに加わり、涸沢ヒュッテで営業再開の準備という山での初仕事を経験した。女性スタッフは客室の掃除や布団のセット、調理器具や食器の準備など、建物内の仕事が多い。一方、男性は外でひたすら雪かきをする。その涸沢ヒュッテの小屋開けメンバーの中にダンプさんがいたのだ。

涸沢はカール地形といって、大昔に氷河が山を削ってできた場所。お椀を縦半分に切ったように窪《くぼ》んだ地形をしている。そのため、冬、穂高の山肌に積もった雪は、雪崩となって何度も落ち、涸沢に堆積する。春は涸沢ヒュッテの上に数メートルの雪が積もり、建物はもちろん、屋根も深く雪に埋もれてしまう。男性従業員のいちばん大切な仕事は、その雪から山小屋を掘り出すことだ。支配人の山口孝さん（現社長）を筆頭に、男性従業員は早朝から日が沈むまで除雪作業を行う。

ダンプさんも山の強い日差しのなか、サングラスをかけて大きな除雪機を操り、屋根に積もった雪を飛ばしていた。お茶を持っていった時や、休憩時間にその姿を見ると、いつもベテラン従業員のように、いや、それ以上に熱心に、そして真剣に除雪作業をしている。だから、私は当然のようにダンプさんも従業員の1人だと思っていたのだ。でも、しばらくして先輩従業員から、あの人はヒュッテの従業員ではなく、有名な登山用品店「カモシカスポーツ」の社長で、ボランティアで雪かきに来ていると聞いて、とても驚いた。ダンプさんは新人の従業員とも気さくに声をかけ合い、夜は一緒にお酒を飲みながら語らい、従業員たちからも親しまれていた。

この話はあとから詳しく話すが、ダンプさんにとって涸沢は青春の場所で、心のふるさとなのだという。涸沢ヒュッテのオーナー小林銀一さん（現会長）とは50年以上のつきあい。ヒュッテが忙しい時には山小屋の仕事を手伝いに来て、自身もリフレッシュして帰るようだ。

雪かきが一段落し、ゴールデンウイークになると、雪山を楽しむ登山者が一気に涸沢へ押し寄せる。そうなると忙しくなるのが売店だ。

涸沢ヒュッテはおでんやラーメン、生ビールなどを外の売店で売る。穂高の絶景を見ながら生ビールを飲み、おでんを食べるのが名物になっているのだ。昼時などは注文が重なって、従業員だけでは回しきれない忙しさになる。

そうするとダンプさんは、今度は売店に入り、おでんを売る係、「外売店の店長」に変身する。お客さんのなかにはダンプさんに気づいて、

「あら、ダンプさんじゃない？ いっしょに写真を撮ってよ」

と記念撮影をねだる人もいる。そんな時はダンプさんも喜んで撮影に応じるだけでなく、おでんをおまけすることもあった。これには

「おいおいダンプさん、それはカモシカじゃなくてヒュッテのおでんだぜ…」

と山口さんが笑って言うと

「ちょっとぐらいおまけしたっていいだろう？　今度、オレがタカシに一杯おごるから」

なんて言う。

そんな仲のいい兄弟のような2人のやりとりを、間近で見ていた。

それにしても、いくら好きな涸沢とはいえ、何日も山小屋に泊まり込みで仕事を手伝ってくれて、カモシカの社長はずいぶん時間があるんだなと、当時の私は失礼ながら思っていた。でも、それは違うのだ。

これもあとから知ったことだが、ダンプさんは登山者が多く集まる涸沢の売店に立つことで、今の登山者がどういうウエアを着ているのか、どんな山の登り方をしているのか、何を求めているのか、といった生の情報を集め、それをカモシカの店作りやヘリテイジでの製品開発に役立てていたのだ。

涸沢ヒュッテで働き始めた私は、しばらくして同一経営だったもう一軒の山小屋、雨《あま》飾《かざり》山荘に移ることになった。長野と新潟の県境に位置する雨飾山の新潟側山麓にある

まだ一面の雪に覆われるゴールデンウイークの涸沢

2000年の涸沢ヒュッテ。右下がダンプさん。左上から石塚佳子さん、山口孝さん、中央は著者、左下は小林銀一さん

山小屋だ。

情緒的な名を持つこの山は、ブナやカエデの紅葉が美しいことで知られる。雨飾山荘の周辺も樹齢400年は超えると思われるブナ林に囲まれた、原生的な自然の残る場所だ。長野県側からは小谷《おたり》から車で約1時間、新潟側からは糸魚川から40分ほどかかる、山の奥深く、秘境の一軒宿。さらにすばらしいことに、そこは良質の温泉が湧き、古くから梶山新湯《かじやましんゆ》とも呼ばれて親しまれてきた。雨飾山荘の建物は築100年を優に超え、豪雪地帯に見られる太い柱を使った昔ながらの趣がある。

憧れの穂高を離れたことはさみしかったが、私はこの山荘の雰囲気が大好きだった。ダンプさんも雨飾山荘がお気に入りで、私が移ってからも、よく1人でふらりと泊まりに来たり、山の仲間を連れてきてくれたりした。数百人の登山者を迎える涸沢ヒュッテとは対照的に、30人も泊まれば満員となる小さな山小屋だし、当時は携帯電話も通じず、テレビも映らないという外界から遮断されたこの場所が、ダンプさんにとって何よりの癒やしになったらしい。特に春は雨飾山荘に来ては、近くでウドやタラの芽、コゴミなどの山菜を採って帰るのが楽しみだったようだ。

小さな山小屋なので、スタッフは私を含め、3〜4人しかいない。そんな環境でダン

ダンプさんが遊びに来ていたころの雨飾山荘。木のベンチに腰掛け、よく一緒にお茶をした

プさんを迎えるうちに、涸沢ヒュッテにいた時に増して、ダンプさんを身近に感じるようになった。涸沢や他の山小屋での出来事を伝えてくれるだけでなく、海外の山の話、評判のレストランの話など、雨飾とは違う世界の話題が楽しく、スタッフもダンプさんが来るのを心待ちにするようになった。いつもお土産に買ってきてくれる松本の有名洋菓子店のケーキやシュークリームとともに。

雨飾山荘の仕事は数人のスタッフに任され、私はとてもやりがいを感じていたし、仕事の内容も楽しく、充実した日々を送っていた。でも、外界と遮断された山奥で、少ないスタッフと住み込みで働いていると、プライベートな時間はなく、なかなか気持ちを解放できない。半年も続けていると、そんな環境がたまに窮屈に感じることもあった。私はそれを誰にも伝えたことはなかったし、態度に出すこともしなかったと思うが、ダンプさんは何度も雨飾に来るうち、私のちょっとした異変を感じとったのかもしれない。

紅葉の忙しい時期が終わり、普段の静けさを取り戻したある日の朝、ダンプさんは何の連絡もなしに突然、雨飾山荘へやってきて、「今からドライブに行こう」と、私ともう１人の女性従業員を誘い出してくれたのだ。でも、もちろんその日の仕事はやらなければならないし、何よりオーナーの小林銀一さんに休暇の許可をもらわなければならないと私はためらった。しかし、これはダンプさんが事前に小林さんと相談のうえで計画してくれていたサプライズだったのだ。

「何も心配いらないから、さあ、早く車に乗りなさい」

私たちはエプロンを外し、仕事着そのままの格好で、少々戸惑いながらダンプさんの高級外車に乗り込んだ。

「どこへ連れて行ってくれるの？」

私たちが大きな期待と少しの不安を込めて聞くと、ダンプさんは「内緒だね」と笑う。

雨飾の山裾を駆け下りた車は、姫川沿いの国道148号を南下し、長いトンネルを抜けて白馬に来た。突然のドライブだったから、非日常感が増して、車で1時間ほど走っただけなのに、白馬の町が別世界のように輝いて見えた。秋のよく晴れた日で、初冬の装いとなった山々が美しく、もう1人の子と代わる代わる窓をのぞき込むようにして景色を楽しんだ。そして白馬駅の手前で国道406号、戸隠への道に入る。

ここに来て思い出した。そういえば何カ月も前、雨飾山荘の厨房で一緒に夕食をとっていた時、ダンプさんに言われたことがあったのだ。

「戸隠においしいケーキを出すお店があるから、今度連れていってあげるよ」と。山麓に続く道を走り、車は戸隠へ向かう。私の方はすっかり忘れていたのに、その約束を実現してくれたのだ。

かやぶき屋根の民家が残る鬼無里《きなさ》の集落を抜け、大望《だいぼう》峠へ。そこで白馬岳から鹿島槍ヶ岳など後立山《うしろたてやま》連峰と戸隠の山々を見渡した。車は戸隠の中心部を走り、カラマツやシラカバの明るい林に囲まれたカフェ「チェンバロ」の前に止まった。

正面がガラス張りのロッヂ風の建物がおしゃれだ。木の階段を上がると、なかは日の光にあふれ、静かなクラシック音楽が流れている落ち着いた雰囲気だ。ダンプさんとは友人の、オーナー夫妻が笑顔で迎えてくれた。チェンバロのオーナーも長野に憧れて東京から戸隠に移住し、カフェを開いたそうだ。私たちはここでランチとデザートのケーキをいただき、平日の日中にのんびりお茶をするという、贅沢をさせてもらった。

その後は妙高、上越をドライブし、日本海側を走って、夕方に雨飾山荘へ送り届けてくれた。

「今日のドライブは僕じゃなくて銀ちゃん（小林銀一さん）からのプレゼントだよ。2人とも、また明日からがんばるんだぞ」

ダンプさんはそう言って帰っていった。外の空気を吸って山の景色を楽しみ、おいしい食事をいただき、まさに、夢のような1日。女子2人は現実離れした日常にうっとりだ。ダンプさんが与えてくれたこのサプライズ休暇のおかげですっかりリフレッシュし、また雨飾山荘で一生懸命に働くことができた。

＊　＊　＊

その後、私はめぐりめぐって、山岳ライターという肩書きを持つようになり、ダンプさんの半生を本にまとめるという不思議な縁に恵まれている。ダンプさんとは山関連のイベントや仲間うちの食事会などで、年に何度も顔を合わせているけれど、私の中では今も変わらず、ダンプさんといえば真っ先に思い浮かぶのがあのドライブの日の姿だ。

好きなことを貫き、山の世界で成功したダンプさんは、まだ山のことも、世間のことも知らなかった私に、大きな夢を見させてくれた。思い返せば、私の生き方にも影響を与えた山の大先輩の1人である。

第1章

新鮮なアイデアがヒット商品を生み出す

アルプスの風が満開になった桜の花をそっと揺らす春、私は安曇野市穂高へ向かった。ここにはダンプさんが経営する会社のひとつ、「ヘリテイジ」がある。ダンプさんの理想が詰まった場所だと聞き、まずはそこを訪ねようと以前から思っていた。

穂高は、晴れた日には蝶ヶ岳、常念岳《じょうねん》、燕岳《つばくろ》、そして鹿島槍ヶ岳から白馬岳まで北アルプスの山々が見渡せる。近くには湧水地や映画の撮影にも使われる美しいわさび農園があるほか、美術館や記念館が点在するのどかな場所で、観光地として人気があるエリアだ。

このあたりは都内より10日ほど遅れて、ソメイヨシノが満開を迎える。まだ残雪が豊富な山々と桜の景色を楽しみながら、高瀬川沿いの道を車でのんびりと走る。水も空気もきれいで、山がすぐ近くに見える。自然が好きな人なら、こんなところで暮らせたらいいだろうなあときっと思うだろう。

笑ってしまうのは、ヘリテイジ近くの道路脇に「ダンプ出入口　注意!」という大きな看板がいくつか立っていること。もちろん偶然で、高瀬川の砂利を採取している業者が、大型トラックが出入りすることを警告したものだが、どうしてもダンプさんを思い浮かべてしまう。

それはさておき、周辺は田畑が広がる牧歌的な雰囲気だが、ヘリテイジの一角だけ大きな木が生い茂って、遠目にはちょっとした森のようになっている。ソメイヨシノがこんもりと集まって、ひときわきれいに咲いているのが目印だ。このあたりは山へ行く時にもよく通るのだが、敷地内に入るのはずいぶん久しぶり。

大きな入口から入ると、１５００坪（約50ａ）という土地に、桜の花に埋もれるようにヘリテイジの社屋が建つ。少し離れてダンプさんの自宅ともなっているゲストハウス、そして来客宿泊用の古民家「暖風館《だんぷうかん》」がある。ダンプさんはこのあたりの景観を損なうことのないように、平屋建ての社屋にこだわったそう。白い壁が瀟洒《しょうしゃ》で、茶色い屋根が落ち着いた雰囲気だ。

敷地に木が多いのは、ヘリテイジを地元の人にも喜ばれる企業にしたかったから。ヤマモミジ、ナナカマド、ヤマボウシなど、四季が感じられる木々を中心に植えている。それらはダンプさんと仲間たちが、１本ずつ手で植えたものだ。春のこの季節、いちばん目を引くのはやはりソメイヨシノ。10本近くの木が建物を囲むように植えられ、いっせいに花を咲かせている。

あまりの見事さに、地元の人も散歩がてら花見に来る。敷地には塀がないので、時折、近道として通り抜けていくおじさんもいるそうだ。そんなこともこの地の人に受け入れられている証拠、とダンプさんは笑って話す。

私は山小屋従業員のあと、写真家・内田修さんのアシスタントをしていた。ちょうどそのころ、ダンプさんは新潟から築１００年を越える古民家をここに移築した。「こけら落とし」と称して、内田さんが古民家で写真展を開催した時、私はその手伝いで2週間近く、古民家の一室に寝泊まりさせてもらったことがある。私にとっても、実は思い出の場所だ。

20年近くの時を経て、改めて見渡してみる。当時は、今よりがらんとした印象で、１５００坪という数字以上に広く思えたが、その時の印象に比べると、少々狭くなったような気がする。華奢《きゃしゃ》だった庭の木々が、すっかり大木となって生い茂り、周囲の景色ともよくなじんでいるせいだろう。

ダンプさんの本宅は東京にあるが、今では、当初ゲストハウスとして建てた場所がすっかり気に入って、安曇野が自宅となっている。ダンプさんの奥さんである著名な登山家の今井通子さんは東京で仕事をし、ダンプさんは安曇野で生活をするという、ちょっと変わった夫婦生活を長く送っているのだが、どうしてそのような結婚スタイルなのかは、あとで直接2人に聞いてみたいと思っている。まずは第一の目的である、ヘリテイジを訪ねよう。

ヘリテイジは1981（昭和56）年に「カモシカスポーツ」の卸部門から分離、独立した。カモシカスポーツのオリジナル商品だったエスパーステントや、防水透湿機能を持ったレインウエアなどの商品の需要が高まり、それらをより充実させるために別会社にしたのだ。当初はヘリテイジもカモシカスポーツと同じ東京・高田馬場にあったが、1993（平成5）年に穂高町に移転してきた。

「自然環境の豊かなところで物作りをするのが昔からの夢だったんです。私たちが作っているのは登山の道具ですから、山が近くに見えるところの方が、豊かなアイデアが生まれるだろうと思いました。ここならすぐそこに山があるから、製品のテストもしやすいですし」

穂高に移転した理由について、ダンプさんはこう話す。

実は、このような環境に移転したのには、もうひとつきっかけがある。車が大好きなダンプさんは、若いころからヨーロッパ車の雑誌を愛読していた。そこに、ある車の

安曇野にあるヘリテイジの社屋。一見すると民家のようで、周囲に馴染んだ造り

工房の大きな窓からは外がよく見え、自然光もたっぷり入る

メーカーが、都会ではなくてヨーロッパアルプスに近い自然の中に開発チームを置いている、という記事を目にした。そういう企業に憧れるとともに、豊かな発想を生むには、狭いビルの中ではダメだと思ったのだ。

この日訪ねたのは、ダンプさんに紹介してもらったヘリテイジのベテラン社員、野中玲樹《れいじゅ》さん。野中さんは先鋭的クライマーで、1970〜80年代に、国内外のまだ誰も登っていない岩壁を登り、新ルートを開拓していた。その後、エスパーステントを制作する「池田テント」に入社。85年に池田テントを離れ、ヘリテイジに入社したそうだ。

「当時からカモシカはオリジナルの商品をたくさん作っていたんです。エスパーステントもそのひとつでした。社長（ダンプさん）は新しいものを考えるのが得意で、山スキー用のシールとか、クライミング用のハーネスとか、ほかのお店にはないものも開発していました。そのうち、カモシカの商品をうちでも扱いたいという地方の登山用品店がいくつも出てきて、カモシカだけでやっていては開発が追いつかなくなったんです。それでメーカーと卸部門が、ヘリテイジとして独立することになりました」

最初は高田馬場にあるマンションの一室からはじまり、2回ほど移転をしたのちに安曇野へ移ったという。

「私がヘリテイジに入社したときには、社長のなかには地方で物作りをしたいという構想がすでにあって、いずれこの会社は地方に移るけどいいかという話は、初めからされていたんです。私も山が好きだから、いいですよって答えていました」

入社して数年後、野中さんはヘリテイジの数名の社員とともに、東京から安曇野へ移住してきた。

「そのころ、私の子どもはまだ3歳ぐらいで、東京の保育園に通っていたのですが、友だちと別れて安曇野に来るのがさみしかったのでしょう。『お父さん、もうこれで保育園は変わらないよね？』って言われたときは、かわいそうなことをしたなと思いましたね（笑）。でも、のびのびとした環境で子どもを育てられましたし、山にはすぐに行けるし。東京にいるよりよかったですよ。安曇野はいいところですから」

野中さんが社内を案内してくれた。ヘリテイジの社屋は天井が高く、それを支える太い柱が日本家屋を思わせる造りだ。手前が事務室で机がいくつか並び、その奥に11台のミシンが置かれた工房がある。窓が大きく、明るくて、今の季節はまるでキャンバスに描かれた絵のように、桜が窓枠いっぱいに見える。社員たちがゆったりと仕事ができ、自由に発想する。ダンプさんの望んでいた企業の姿が現実化しているのだ。テント、ツエルトのほか、シュラフカバーやザックカバー、アウターシェル、グローブ、スタッフバッグなどの小物も幅広く企画・製作している。

ヘリテイジの大ヒット製品といえば、なんといっても日本初のドーム式テント、エスパースである。今は山岳テントのほとんどがドーム型だが、当時はまだ「かまぼこ形」（アーチ形）という数本のポールを半円状に通すタイプか、屋根型（ミード形・ウインパー形）といわれる三角形のテントしかなかった。いずれも張り綱を使わなければ立てられない非自立式で、重く、かさばるのが難点だった。

そんななか、１９６９年にアンデステント（のちの池田テント）が、スリーブにポールを2本通して自立させるテントを考案。世界初といわれることの多い「ザ・ノース・フェース」のオーバルインテンションより、5年も早かったという。

「少し、時代が早すぎたのでしょうか。アンデステントで開発した新作テントを都内で営業しても、販売店には『マージャン用テントか？』なんて笑われて、まったく相手にされなかったんですよ。当時のテントは床が長方形で寝るためだけのものだったんだけど、新作テントは正方形に近い形だったから。それによって居住空間が広くなったし、かなり軽量化もされたんですけどね」
　野中さんが当時のことを話してくれた。
「販売店に見向きもされないなか、社長がこのテントを見た時、これは最高じゃないか！という話になって、かなり改良し、カモシカのオリジナル冬用テントとして売ることになったんです。それがエスパースとして大ヒットしたのだから、社長はやっぱり先見の明があるんでしょうね」

　エスパースというのはフランス語で、空間、または宇宙という意味。英語で言えばスペースだ。読んでいた本の影響でヨーロッパに憧れていたダンプさんが、「居住性のいいテント」という意味でつけた。ちなみに、ヘリテイジは直訳すれば「遺産」だが、後世にも残る価値ある物作りをしたいという願いを込めて社名としたそうだ。

　さて、エスパースはまったく新しい形のテントだったから、初めのうちはクレームも多かったという。そのひとつひとつを真剣に聞き、また、ダンプさん自らが海外遠征などの過酷な条件で使って、改良を重ねていく。工夫した箇所を野中さんが教えてくれた。

1970年に発売された第1号エスパース。
ドーム型テントは画期的だった

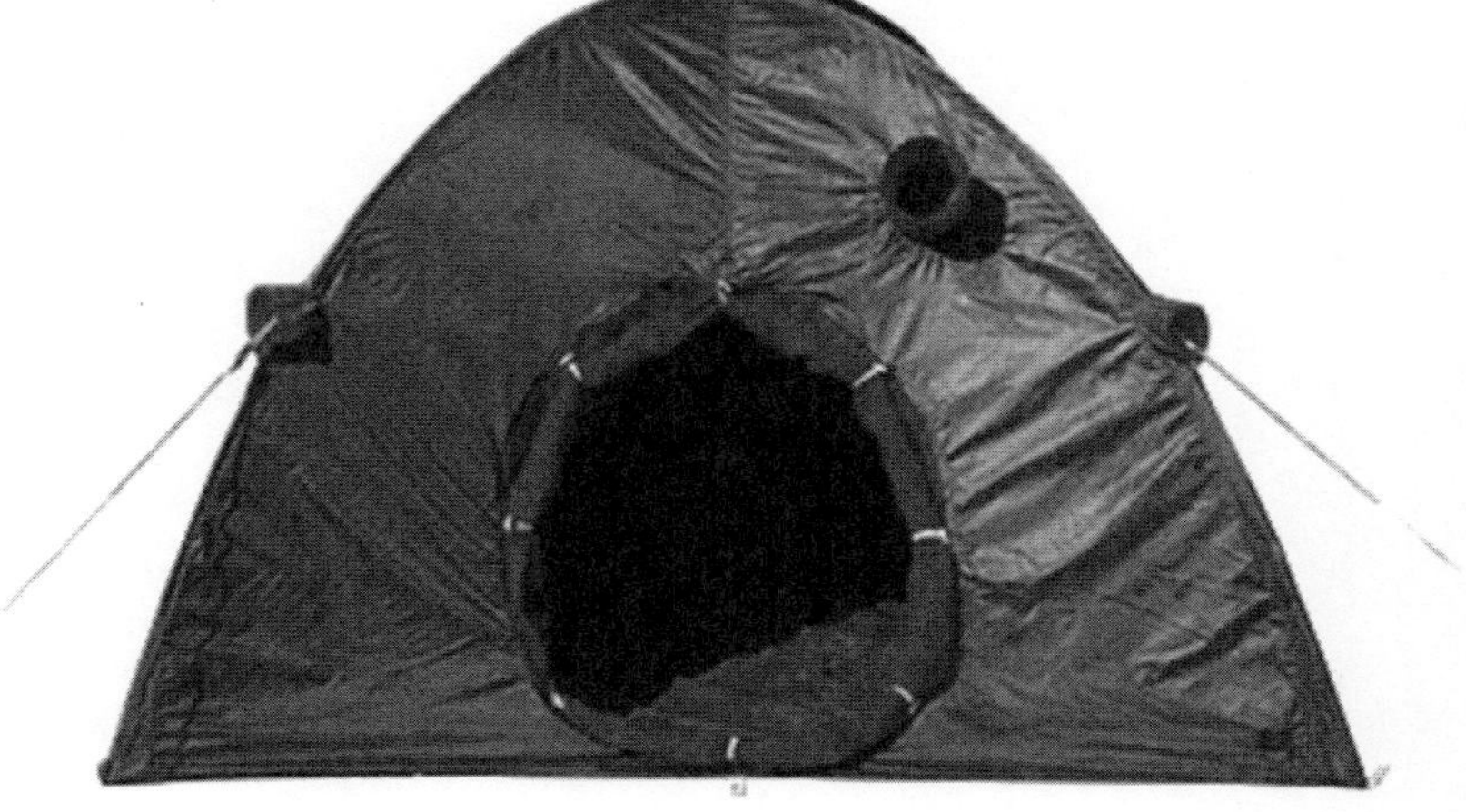

現在発売中のエスパースⅡ。剛性と居住性に優れ登山者からの評価が高い

「例えば、エスパースはポールをスリーブに差し込んで自立させるのですが、その差し込み口をV字にカットして、グローブをしていても入れやすく工夫しました」

テントの生地は夏は気温や湿度で伸び、冬は逆に収縮するという性質がある。そうすると、夏は生地がたるんでしまうし、冬はポールの先を固定する穴に入れられなくなってしまう。

「だから、ポールを固定するコーナー部分のアイレット（鳩目穴）を2連結にすることで、テントの張りの強さを調整できるようにしました。これらは実用新案も取りましたよ。どれも、社長が海外の遠征などで実際にエスパーステントを使う中で、出てきたアイデアなんです」

エスパースはほかの遠征隊にも高く評価された。日本はもちろん、ヨーロッパやアメリカからも注文が来るようになり、信頼性の高さから一般的な登山者の間で広く知られる人気製品に成長していった。スリーシーズン用にさらに軽量化した「ライトエスパース」や、軽量山岳テントの先駆けである「スーパーエスパース」、高所遠征用の「エスパース・サミッター」など次々と新しい製品が生まれ、進化していく。そして山岳テントといえばエスパースといわれるまでになった。

そんなエスパースが誕生してから約半世紀。現在、登山者に新しいムーブメントを与えているヘリテイジの製品がある。それが2015年に発売された自立式の超軽量ツエルト「クロスオーバードーム」だ。生みの親はカモシカスポーツの社員と野中さん。

簡易テント（シェルター）であるツエルトながらポールを使うことで自立し、設営が簡単なだけでなく居住性が大幅にアップ。さらに透湿防水の極薄素材を使い、すべての縫い目にシーム処理を施して防水性を高めた。そのうえ、超軽量ポールを採用することで、ポールを含めた重量がわずか700gという画期的なモデルだ。野中さんが写真撮影のために山へ通ううちにアイデアが浮かび、それに顧客からのリクエストが加わって生まれたのだそうだ。

このクロスオーバードームが、必要最低限の装備で山を駆け抜けるトレイルランニングの流行と、より軽量化を求める登山者にウケた。現在も受注に生産が追いつかない状態が続いている。造れば造っただけ売れることはわかっているが、クロスオーバードームもエスパースも生産量が限られる国内生産にこだわっている。その理由を後日、ダンプさんに尋ねた。

「海外で生産すればいいのですが、そうやって生産量を増やすと、雑な商売になってし

愛情たっぷりに製品の説明をする野中玲樹さん

まいそうだから。お客さんに待ってもらうのは申し訳ないけれど」

そう言って笑う。

「テント生地は伸縮するので、縫製にはとても高い技術が必要なんです。海外だと言葉のニュアンスが通じなくて、こちらの細かい要望を直接伝えづらいから」

野中さんもこう話す。

テントやツエルトは国内の工場で生産しているが、ゲイターやサコッシュなどの小物は、すべてヘリテイジで造っている。

「ヘリテイジは小さな会社なので、小回りがきくのがいいんです。大きな工場のラインで大量生産をしていると、モデルの切り替えがたいへんなのですが、うちは自由奔放（笑）。自分たちが思いついた物をぱっと製品化できる。それが最大の強みですね」

大きな会社だと、デザイナーがいて、それを型紙に起こすパターンナー、裁断する人、縫い手と行程ごとの職人がいる。何人もの手を介していくうちに、伝言ゲームではないけれど、微妙なところが初めのイメージと変わることがあるのだという。

「でも、ここではすべての行程を自分でできるから、妥協がいっさいないんですね。社長が目指す物作りができているのかなと思っています」

工房の傍らには修理専門のスペースがあり、そこにはヘリテイジ全製品の生地や部品がそろう。

「お客さんから修理の依頼があったときは、すべてここで直します。だから短い時間で修理ができるし、古いモデルにも対応できるんですよ」

ヘリテイジはあくまで細やかなサービスに徹していることがわかる。

「社長からは、かゆいところに手の届く製品作りを、と言われているので、それを守ってこれからも新しい物を生み出していきたいです。そう、実は今春、社長がアイデアを出した新製品のテントが発売される予定なんですよ。これがまた画期的なんです」

野中さんは最後に含みを持たせて話してくれた。

ダンプさんの創造性と、アルプスの山の麓で生み出される新鮮な発想。そしてそれを高いレベルで製品化する職人たち。新しい製品を次々と生み出すヘリテイジがこれからますます楽しみだ。

第2章

コンプレックスを山で克服

ダンプさんは、大勢の人に声をかけて食事をしたり、パーティーを開いてもてなしたりするのが好きだ。そのメンバーを見て思うのは、社会的な立場とか年齢に関係なく、いろいろな人と平等に付き合っていること。だから、ダンプさんには職業も年齢もさまざまな、実に幅広い友人がいる。「僕は人が好き。みんなが喜ぶことをするのが楽しみ」だと言っているけれど、誰とでも同様に接するそのスタンスは、つらかった幼少期時代の体験が元になっている気がする。

はたから見れば、順風満帆の人生を送っているように見えるが、ダンプさんは少年時代にずいぶんと苦労をしたという。幼少期の話は自身の著書『ダンプ、山を行く』（1998）に詳しく書かれているが、ここでも少しだけ触れておこう。

ダンプさんは1943（昭和18）年1月、東京の牛込で生まれた。母の文子《ふみこ》さんは、5歳年上の兄・重明《しげあき》さんとダンプ（和之）さんを未婚のまま産み、朝日新聞社の食堂で働きながら育てた。今でいうシングルマザーだ。ダンプさんは実の父の名を知らないという。

5歳ぐらいの時、文子さんは中野区にあった大進製菓という菓子工場に転職。しばら

小学生のころ、鎌倉へ家族で旅行。後列右から2番目が父の高橋重吉、その左に顔をのぞかせているのが母文子。父の左隣でアイスを食べている少年がダンプさん

中学校のクラスメート、黒瀬君と新宿御苑で。本人は左

くして同じ会社に勤めていた高橋重吉さんと再婚した。重明さんはすでに家を出て働いていたので、新しい父と親子3人の生活が始まった。結婚を機に、重吉さんは会社を辞めて独立。中野区本町の商店街、鍋屋横町で小さな菓子店を開く。

重吉さんは腕のいい和菓子職人で、近所でもすぐに評判になったという。開いた店は繁盛し、徐々に事業を拡大。近くに大きな土地を買って、菓子の製造卸をするようになった。

「その和菓子工場は中野警察署の目の前で、敷地内に建つ洋風の家に住んでいました。当時としてはしゃれていて、ステキな家だったんです。その会社も順調に行っていたんですが、ある日、集金したお金をそっくり従業員に持ち逃げされて、突然、倒産してしまったんです」

それでも野心家だった重吉さんはめげず、今度は高円寺で乾麺の製造販売を始める。この店がまたも繁盛して、高橋家は再び経済的に余裕ができた。でも、会社がうまくいっていることに油断したのか、重吉さんが競輪に通い始めた。小学生だったダンプさんも、松戸の競輪場に連れて行ってもらった記憶があるそうだ。

やがて、賭け事に熱を注ぐことが増えて店を閉めることが多くなり、結局、製麺会社は倒産。母の文子さんは幼いダンプさんを連れて早稲田へ夜逃げしたという。

その後、重吉さんも早稲田にやってきて、また3人での生活が始まった。無一文になった両親は廃品回収業で生計を立て、そのお金で重吉さんが再び起業。今度は電気看板の製造販売を始めた。しかし、その仕事が軌道に乗り始めた矢先、重吉さんは病に倒れ、長く寝たきりの闘病生活が始まる。働き者の文子さんは夫の看病をしながら、内職でなんとかその日の生活費を稼いだそうだ。

そんな中、ダンプさんは早稲田小学校を卒業し、牛込の中学校へ入学する。しかし、小学生のころから勉強が嫌いで、外で遊んでばかりいたという。中学に入っても勉強はせず、授業をサボっては、よく映画館へ通っていた。もちろん入場料を払うお金はないから、非常口からこっそり忍び込んで観たという。

重吉さんは、その後も寝込んでいて働くことができず、中学を卒業するころ、高橋家は貧乏のどん底にあった。

「中学を卒業するころは劣等感の塊だったんですよ。家の経済状況は浮き沈みが激しかったし、そのせいもあって、引っ越しを何度も繰り返しました。だから学校へ行くのも嫌だった。中学を卒業するころは本当にお金がなくて、修学旅行の代金を友人の親に立て替えてもらったりもしました。卒業後、みんなは高校に進学したけれど、僕は少しでも早く家にお金を入れなければならなかったので、進学という選択肢はまったくなかった。まあ、勉強に興味が持てなかったということもあるんですけどね。中学で就職したのは、クラスで2、3人だけ。そういう子は、よっぽど貧乏か、まったく勉強ができなかったかのどちらかでしたから、ひどい劣等感を持っていましたね」

ダンプさんは中学卒業後、四ツ谷の商店で配達の仕事をする。

「お店へは初め、歩いて通っていたんですけど、その道中で高校生になった同級生に会うんですよ。それがとにかく嫌でしたね。その店は水道の蛇口や配管の卸をしていて、僕の仕事はそれらをお得意先へ届けることでした。4mものパイプを自転車にくくりつけて、遠いところでは亀戸や錦糸町あたりまで届けに行きました」

でも、働きぶりはのんきなもので、途中の土手の草むらで桜を見ながら昼寝したり、配達先とは違う方向へ行ったりしてよくサボったそうだ。

マイペースで仕事をし、1年ほど経ったころ、高橋家は国分寺の借家へ引っ越した。それがダンプさんの運命を変えていくことになる。

当時の借家のオーナーは尾崎さんといって、そこにはダンプさんと同じ年の青年、徳《のり》雄《お》さんがいた。２人は自然に仲よくなり、休みの日にはバイクでよくツーリングに出かけたという。

「尾崎くんはヤマハのバイクを持っていたんですよ。でも、僕はバイクを買うことなんてできないから、勤め先のホンダ・ドリームを勝手に持ち出して、それに乗っていました」

徳雄さんには3歳年上のミツさんというお姉さんがいた。ミツさんはそのころ文化服装学院に通い、裁縫を学ぶ学生だった。美人なうえに細身でスタイルがよく、自分で作ったワンピースやスカートをおしゃれに着こなしていたという。そんな近所の「お姉さん」にダンプさんが憧れるのも当然のことだろう。ダンプさんをはじめ、近所の男子はミツさんのことをマドンナと呼んでいた。

「きれいな人でしたね。よくおしゃべりをして、ハキハキと明るい女性でした。そのころ僕はペトリというカメラを手に入れて写真に凝っていたんですが、彼女もたくさん撮りましたよ」

そんなある日、ダンプさんの苦労続きだった青年時代を大きく変える出来事が起こる。

勤め先のバイク、ホンダドリーム250ccで友人の尾崎くんとツーリングに出かけた

春の陽気のなか、ダンプさんとミツさん、そして近所の友だちと4人で多摩丘陵へピクニックへ出かけた。日野の高幡不動から多摩丘陵のあたりをのんびり歩いたのだそう。

「確か、メンバーの誰かに誘われて出かけていったんですよ。憧れのマドンナとダブルデートができると思って、もう、うきうきして行きましたね。デートだと思っていたのは僕だけだったかもしれないけど（笑）」

その時、ミツさんが何気なく、多摩川の上流に霞む山の方を見ながらつぶやいた。

「山に登る人ってステキね」

その言葉がダンプさんの胸に刺さる。それまで山登りなんてまったく関心がなかったダンプさんが、山と結びついた瞬間だった。

翌日、ダンプさんは駅に置いてある旅行会社のパンフレットを見に行く。どうすれば山へ行けるのか調べるためだ。そして「東京都で一番高い山」というキャッチフレーズに惹かれて、雲取山（2017m）へ登ることを決意。それにしても憧れの女性のひと言で、自分も登山を始めてしまうなんて、男というのは単純なものだ。

驚くことに、ダンプさんは今も、当時のマドンナ、ミツさんと交流を続けている。ミツさんの友人が安曇野に住んでいて、しかも山登りをしていたので、何十年も経ってから偶然にダンプさんとつながり、ミツさんに再会したそうだ。それならば、とミツさんに当時の話を聞かせてもらうことにした。

「弟の徳雄がお米屋さんを始めて、学校が休みの日に私はその店を手伝いに行っていたの。お店のすぐ裏が高橋くんの家だったのね。彼もよく弟のところへ遊びに来ていて、顔を合わせることが多かったから、自然に親しくなったのよ。高橋くんは青年時代から体ががっしりしていて、今とあんまり雰囲気は変わらないわね」

ミツさんはダンプさんから聞いていた通り、明るい声で、軽快に話をしてくれた。

「私はね、『山に行く人がステキ』なんて言ったこと、まったく覚えていないの（笑）。本が好きで山岳小説を読んでいたから、もしかしたらその影響かしら。でも、高校生のころに学校で尾瀬に行ったり、富士山に登ったりしたから、高橋くんより先に登山の経験はあったのよ。どうしてそんなことを言ったのか思い出せないけれど、若いころって運動をする男性がかっこよく思えるじゃない？　もしかしたら、学校に登山部みたいなクラブがあって、そこにかっこいい人でもいたんじゃないかしら。ははは」

ミツさんはお茶目に笑った。

ダンプさんが15〜16歳といえば、1960（昭和35）年ごろということになる。1956年に槇有恒《まきゆうこう》を隊長とする日本山岳隊がヒマラヤのマナスル（8163m）に世界初登頂し、大きく報道された。登頂報告会には多くの人が参加し、記録映画の『マナスルに立つ』は各地で大ヒットしたという。井上靖の小説『氷壁』が毎日新聞に連載され、人気を博したのもそのころだ。

日本は当時、空前の登山ブームとなっていて、山が身近に感じられるようになった時代だったのだろう。

ミツさんはダンプさんと再会してから、一緒に戸隠でスノーシューをしたり、涸沢へ行ったり、ダンプさんの家で催されるワインパーティーなどに参加するなど、交流を続けている。

憧れの女性の言葉で山に導かれるなんてドラマチックな話だが、年を重ねてからも青年時代のマドンナと山に登っているとは、なんともステキなことである。

「私は高橋くんの人生に影響を与えたなんて、ちっとも思っていないけれど、考えてみればそれがきっかけで山登りをし、後に今井さんと結婚できたのはよかったかもしれな

ダンプさんを登山と結びつけた
マドンナ。ダンプさんの右隣

いわね」
ミツさんはそう言って笑った。

さて、マドンナのひと言で自分も山へ行こうと思い立ったダンプさんは、「東京で一番高い山・雲取山」へ行くべく、すぐにデパートでバスケットシューズとナップサックを買った。そして、次の休みにはもう、1人で秩父行きの直通列車に乗っていたという。
雲取山の登山口である三峰口に夜中に到着。登山ブームとあって、夜にもかかわらず、多くの登山者がいたそうだ。初めての山登りだったダンプさんは、ペースも何も考えず、体力任せにがむしゃらに登り続けた。いつの間にか登山者たちをすべて抜き去って、1人で登り続けたという。

やがて山頂にたどり着き、景色を眺めていると、1人の男性が声をかけてきた。見るからに初心者だったダンプさんのことが心配だったのか、一緒に下山しようという。その男性は産経新聞社に勤める山口さんといって、山に詳しく、下山途中でも帰りの電車の中でも、ずっと山の話をしてくれたのだそうだ。日本には北アルプス、南アルプスなど、雲取山よりもっと大きな山があって、そこはすばらしいところだという。まだ見ぬ世界の話が魅力的で、山への興味を一気に引き立てられた。

「もし、雲取山の山頂で山口さんに会っていなければ、こんなキツいだけの山登りなんて、二度としなかったかもしれないですね（笑）」

雲取山から帰るやいなや、ダンプさんはその時の様子や山への憧れを親友の徳雄さんに一気に話した。すると徳雄さんは翌日、ある新聞の切り抜きを手にやってきた。それは、日本勤労者山岳会（現日本勤労者山岳連盟）の事務所が四ツ谷にできたという記事だった。ちょうどその時、ダンプさんの勤め先は四ツ谷にあった。これも何かの運命だったのだろうか。ダンプさんは仕事帰りに山岳会の事務所を訪ね、そのまま入会した。

「山岳会では仲間がたくさんできて、刺激も受けました。もう、それからは登山に夢中です。休みはすべて山に費やしましたよ。あまりに山にのめり込んだから、ミツさんとデートしたいと思っていたこともすっかり忘れてしまいましたね」

山岳会は月に何度か集会が行われ、毎回80人近くも集まって山の話をしたり、登山の計画を立てたりしていた。そこが楽しくて、ダンプさんも積極的に顔を出し、山の仲間を増やしていった。

人生で初めて登った山、雲取山で。足元はバスケットシューズだ

労山に入会し、登山の経験を積んでいった。写真は八ヶ岳での合宿。後列左から4人目がダンプさん

楽しかった理由はもうひとつある。華やかな女性たちだ。労山には女性会員が3分の2ぐらいいて、彼女たちの多くはオフィスレディーだった。ダンプさんの勤め先はおやじさんと2人だったから、それまで同世代の女性と話せることなんてほとんどなかったのだ。

労山に入会してすぐ、彼女たちと南アルプスの夜叉神峠《やしゃじん》へ登りに行く機会を得た。これがアルプスデビューになる。

「雲取山以来、憧れていたアルプスの山でしょう。それに、彼女たちとの山登りが楽しくて、夜叉神峠では有頂天でしたね」

その日は天気がよく、北岳や間《あい》ノ岳などアルプスの高山を見渡すことができた。夢に描いた景色を目にすることができて感動したダンプさんは、うれしさを抑えきれずに、下りで走り出してしまう。

「当時、山仲間たちは僕に何かおもしろいあだ名をつけようと企んでいて、『お団子』とか『お饅頭』なんて呼んでいたんだけど、山を駆け下りる僕の姿を見て『ダンプ』がぴったりだっていうことになったみたいです。それから60年もそのあだ名で呼ばれることになるとは」

ダンプさんはまんざらでもない表情で、話した。

体の大きなダンプさんは、もともと体力に自信があった。しかし、さらに強くなろうと、国分寺から四ツ谷まで自転車で通勤し、足を鍛えた。免許を取り、バイクで配達することも増えていたが、あえて自転車に戻し、仕事もトレーニングのうちだと考えて一生懸命に働くようになったという。鉄管のような太く、重い物を運ぶ時も手に握って握力をつけた。

１９６０年5月、ダンプさんは北八ヶ岳で行われた労山の合宿に参加し、岩登りを体験した。その合宿での行動が評価され、選抜者として赤岳に登る権利を得たという。

「合宿には社会人もいれば大学生もいて、全部で40人ぐらいが参加していました。僕は17歳ぐらいだから、最年少に近かったんじゃないかな。その中で優秀な3人だけ最終日に先輩と八ヶ岳主峰の赤岳に行けるというご褒美があったんです。僕は赤岳に行きたかったから頑張って岩登りなどの訓練をしました」

ダンプさんの行動は認められて、見事に選抜隊のひとりに選ばれる。リーダーとサブリーダーの先輩と合わせて5人というメンバーで、ダンプさんは初めて赤岳に登った。岩場もあり、夏でも登山中級の技術・経験が求められる山だ。

労山の合宿で、選抜隊として
赤岳に登る。本人は一番右

労山の仲間たちと。
大きなキスリング
ザックが懐かしい。
本人は一番右

「5月だから山頂部には雪もあってたいへんだったし、それまでの山と違って厳しかったけれど、選ばれたんだからほかのみんなの分までしっかり登らないと、と一生懸命でしたね。でも何より、それまで抱えていた学歴などのコンプレックスを破れたのがこの経験だったんです。山登りで必要なのは学歴ではなく、体力や機敏性、判断力でしょ。その時、山は誰でも平等に実力を出せる世界なのだと学びました」

長年抱えていたコンプレックスを打ち破ったダンプさんは、その後もどんどんステップアップしていく。そんな過程でロープワークや岩の登り方など、ひとつずつ親切に教えてくれた恩人がいる。日本勤労者山岳会の先輩、大網健治さんだ。

「大網さんはすごく紳士的で、何も知らない僕にも声を荒げることなく、本当にやさしく接してくれたんです。山の基本をそれこそ1から教わりました」

実は、ダンプさんから山に登り始めたころの話を聞いている時、奇跡ともいえることが起こった。なんと、長らく連絡を取っていなかった大網さんのことを知っているというダンプさんの友人から、電話がかかってきたのだ。

ちょうどそのころ、ダンプさんは松本周辺のミニコミ紙に連載された「私の半生」と

長い冬の眠りから目覚めた
4月下旬の上高地

アルプホルンの演奏で幕を
開けた上高地開山祭。多く
の登山者らが集まった
（信濃毎日新聞社提供）

いう記事に大網さんのことを書いていた。記事を見た友人が、「私の知っている大網さんに違いない」と連絡をしてきたのだ。

大網さんは上智大学の山岳部だったが、電話をしてきた友人の女性・遠山さんは、大網さんの大学時代の後輩だった。上智大学卒業生組織「アルピスソフィア会」は毎年、北アルプスの麓・上高地で行われる開山祭に合わせて懇親会を開いていて、そこへ行けば大網さんに会えるという。4月下旬、私はダンプさんと一緒に上高地へ向かった。

その日、上高地は薄曇りで肌寒かった。しかし、バスターミナルから河童橋、小梨平のあたりまで、人があふれるといっても大げさでないほどにぎわっていて、近くなるにつれて熱気を増していた。開山祭には毎年、約2000人もが集まるという。みんな、山々が長い冬から目覚めるのを待ち遠しく思っているのだろう。残雪を抱いた穂高の稜線が見渡せ、訪れた人々も嬉々として記念撮影をしていた。

登山の安全を祈る神事が執り行われ、アルプホルンや日本太鼓の演奏などもあって、より気持ちが盛り上がる。ダンプさんも参列者とともに、1年の登山の安全を願っていた。ダンプさんはカモシカスポーツの社長として毎年招待されていて、開山祭にはいつも参列している。意外にも近くに恩人はいたのだ。

大網さんとは式典後、河童橋近くのベンチで待ち合わせていたものの、とにかく人が多くてなかなか会えなかった。1時間ほど探しただろうか、やっと姿を見つけることができた。2人は50年ぶりの再会。「いやあ、お久しぶりです」と言ってダンプさんが手をさしのべると、大網さんが笑顔でその手をガッチリと握り返す。

「あまり変わらないですね、いや50年経てばさすがにお互い変わったかな？　僕が大網さんに初めて会ったのは16、17歳のころでしたから。本当に大網さんにはお世話になりました。山を始めたばかりのころ、大網さんに連れていっていただいた谷川岳の岩場をトップで登らせてくれた時のうれしさ、今でも忘れませんよ」

「高橋くん、初めてだったから、つたないやり方で登っていたっけ」

会うやいなや昔話に火が付く。

ダンプさんがそのころ夢中で読んでいた山の本のなかでも、特に憧れたのが『ザイルのトップ』。フランス・シャモニのガイド、フリゾン・ロッシュの著書だ。翻訳した近藤等氏が、ザイルのトップとは「山登りの世界で、危険をものともしないで、パーティー全員の命をあずかり、登山綱の先頭に立って、勇敢に山に挑戦していくリーダーのことである」と書いたが、まさにそれこそがダンプさんの目指していた山の世界。その第一歩を、谷川岳の岩壁でかなえさせてくれたのが大網さんなのだ。

谷川岳のほかにも、八ヶ岳にある稲子《いなご》岳の南壁や冬の五竜岳にも連れていってもらい、そのたびにいろいろなことを教わった。

「山の先輩といえば、厳しい人が多かったんですが、大網さんは絶対にしごきのようなことをしなかったんです。いつも優しくて、丁寧で、冷静で。山で信頼できるリーダーというのは、こういう人だと大網さんから学んで、憧れていたんですよ」

「ははは、そうだったかな？　高橋くんは初めからほかの人と馬力が違ったよね。山をやっている人は多かったけど、その中で芽を出し、伸びてくるのはほんの一握り。今の高橋くんがあるのは、あのころから地道なことをきちんとやってきたからだと思います。ザイルワークの練習も本当に熱心でしたから」

「そう、あれは冬の五竜岳に行った時、吹雪で予定より1日早く下山したんですよね。山を下りてから大網さんの知り合いが営む神城のロッジに泊まって、そこでザイルの使い方を教わりました」

大網ご夫妻（左）とダンプさん。ダンプさんの左は共通の友人遠山さん

「高橋くん、初めは何も知らないじゃない。だから、何を教えても本当に楽しそうだったよね。そういう姿勢だから、めきめきと力をつけていったと思う。やる気があって、気持ちのいい青年に出会ったなと当時から思っていましたね。その後、生活の基盤とか、お店もそうだけど、山登りの基盤となるものもしっかりしていくでしょう。脇で見ていて、痛快でしたよ」

大網さんの指導のもと、ダンプさんはクライマーへと成長していったのだ。

2人の話は初夏の上高地でいつまでも尽きなかった。

第3章

カモシカスポーツは若い山ヤの「梁山泊」

大網さんと行った五竜岳にはもうひとつ、重要なエピソードがある。五竜岳に登るために雪山の新しい道具が必要だったダンプさんは、登山専門店に先輩たちと向かった。そこで後々まで忘れられない経験をした。

その店の店員は先輩たちには愛想よく接するのに、新人であったダンプさんのことは見下したように、ぞんざいな対応だったのだ。

「とにかくひどかったんですよ。買い物をしたかったのに、店員は先輩たちと山の話で盛り上がっていて、僕はまったく相手にしてもらえなかったんです」

その店員は、ダンプさんが冬山登山に使う道具がほしいというと、面倒くさそうに取って、それを投げるようにして渡してきた。そのころ、ダンプさんの月給は5000～6000円しかなく、そのほとんどを家に入れなくてはならなかった。残りのお金とボーナスを貯めてやっと作った数万円の資金だった。

「それなのに、予算の相談も、商品の説明もなく、向こうが勝手に物を選んでしまって。あの時の悲しい気持ちといったらなかったですね。初めての冬合宿で憧れの五竜岳へ行けるというのに、そんな楽しい気持ちもしぼんでしまいましたよ。もし、自分がお店をやることがあったら、絶対にそんな態度はしないって思いました」

しかし、この苦い経験が反面教師となり、後に山の店を開く際の原動力となった。今ではその時の店員に感謝状を渡したいくらいだとダンプさんは笑う。

登山用品店での出来事を引きずっていたわけではないが、次第に自分でも店を持ちたいという気持ちが高まり、ダンプさんは20歳になったのを機に商店を辞めて、中野で店を始めた。

これがカモシカスポーツ第1号店である。と言いたいが、最初はとても店とは言いがたいところだったそうだ。

「山岳会の仲間が見つけてきてくれた場所なのですが、そこは店の構えではなく民家の一室を改装したものでした。狭い、古い、駅から遠いという物件だったから当然かもしれないけれど、とにかく家賃が格安だったんです。仲間たちがそこを見つけてくれて、大工の友人が材料費だけで改装を手伝ってくれました。それに、当時のお金で数十万円をみんながカンパしてくれて、夢だった店を持つことができたんです。本当にありがたかったですね」

カモシカスポーツという店名の由来を聞くと、意外な答えが返ってきた。

「最初は『ダンプ商会』っていう店名だったんです。でも、なぜか周囲の評判がよくなかった」

それで、当時、山の仲間たちとよく行っていた四ツ谷の喫茶店・カモシカから名前をもらったのだという。ステキなママさんがいて、そこで友人たちと話をしている時に、「カモシカスポーツにしよう」と思いついたそうだ。

「店内には木彫りの鹿が飾ってあって、それがカモシカなんだと思いこんでいたけど、今思えば、あれはヨーロッパのアイベックスか、アフリカのガゼルだったかもしれませんね。カモシカよりスマートで、長い角を持った動物でしたから。もし、あのお店が『喫茶店・アイベックス』だったら『アイベックススポーツ』になっていたかもしれないです」

ダンプさんの店の広さはわずかに3坪。薄暗い路地のさらに先、こんなところに登山用品店があるなんて、想像もできないような場所だったが、ともかく、カモシカスポーツの小さな灯りがともった。

しかし、当時、山用品店は東京にたくさんあり、場所にも恵まれなかったダンプさんの店が、初めから繁盛するはずもない。店を出したころはお客さんはほとんど来ず、いつつぶれるかわからない状態だったという。

店の家賃と改装の材料費を支払うと残金は少なく、肝心の商品を仕入れる資金も心もとなかった。皮の登山靴は当時、1万円もして、とてもそのような高価な商品は仕入れられない。

それで原価が安く、カサがあって、回転率のいい商品から仕入れるようにした。まず取り入れたのがポリタンクだ。白いポリエチレン製のタンクにオレンジ色のキャップが付いた1・5ℓほどのボトルで、そのころは水筒としてほとんどの登山者が使っていた。数百円と単価が安く、かさばるので商品棚を埋めるのに好都合だったのだ。登山靴はキャラバンシューズ（ナイロン地の軽登山靴）をメインに扱い、革靴は実物を置けなかったので、オーダーメイドで注文を取った。

「登山靴やコッヘル（登山用の軽量鍋）は、箱に入って売られているでしょう。それをすべて箱から出して、商品と箱を別々に棚に並べ、品物がたくさんあるように見せたんです。買ってくれたお客さんには空き箱を置いていってもらうように頼みました。だから、お店の中は空き箱だらけ、在庫はほとんどなかったんですよ」

いろいろな工夫をしても、なかなかお客さんは増えなかった。最初の1年ぐらいは本当に苦しくて、ずいぶん悩んだという。たまに人が来たとしても、友だちが遊びに寄ってくれるぐらい。当時は登山ブームで、新宿へ行けば、電車に乗りきれないぐらいの登山者がいるのに、どうして自分の店にはお客さんが来ないんだろうと悩んでいた。

「それで、よく新宿駅へ登山者を見に行きましたね。みんながどんな物を使っているのか、どういうものが欲しいのか、肌で感じようと思って」

そう話すダンプさんは、私が見た、涸沢でおでんを売りながら登山者を観察する姿と重なる。

そんなある日、ダンプさんは、店でただお客さんを待っているだけではダメだと気づく。そして積極的に営業に出かけることにした。

当時は「3人寄れば山岳会」といわれたぐらい、山のグループがたくさんあって、夜、あちこちで集会が行われていた。そういうところに顔を出して、注文を取ることにしたのだ。翌日、注文票を持って神田の問屋へ買いに行って、お客さんの昼休みに合わせて、職場まで商品を届けに行った。

「大変だったけれど、忙しいお客さんは、わざわざ自分で店に買いに行かなくてもいいから、喜んでくれましたね」

そうして信頼を得て、顔なじみになったお客さんが少しずつ店にも来てくれるようになっていった。店がだんだんと軌道に乗り始めていくこのころは、今思えば楽しい時代だったという。

そんなカモシカスポーツの初期時代を、懐かしく語ってくれたのがブックデザイナーの小泉弘さんだ。小泉さんはデザイナーとして50年以上の経験を持ち、山岳図書だけでも500冊を超す本のデザインを手がけてきた。若いころは登山に夢中で国内外の山に登っていたのだが、山へ行かない日は、毎日のようにカモシカスポーツへ通っていたという。

「私がカモシカへ通い始めたのは、中野のお店ができて間もないころだったな。お店は中野駅から10分ぐらい歩いたところでしたね。駅の北口を出て商店街を歩くでしょ。それで当時できたばかりのブロードウェイを右に曲がると、恐ろしく真っ暗な路地が続いていて、その中にあやしいホテルだか旅館が並んでいたの。カモシカはそのさらに先で、周りには何もない真っ暗な中にポツンとお店があった。とても山道具屋があるような場所じゃなかったよね」

そのころ、小泉さんは高円寺の南、中野のすぐ近くにある化粧品会社に勤め、宣伝部でデザインの仕事をしていた。会社の独身寮に入っていたから、カモシカにも近く、山の仲間たちと自然にカモシカに集まるようになったという。

「1964（昭和39）年に海外渡航が自由化されて、山の先輩たちが第一陣としてヨーロッパアルプスの岩場へ登りに行ったのね。そういう姿を見て、僕たちも海外の山へ行けるんだと夢を持った。そんなこともあって、国内で岩登りが大ブームだったの。週末の夜に上野駅から長岡へ行く鈍行列車は谷川岳の岩場へ行く〝山ヤ（山屋）〟で満杯。始発の上野駅から大混雑で、列車に乗りきれないぐらい山へ行く人がいたんだから、すごいことだよね。その列車には、もちろん家に帰るサラリーマンもいたんだけど、その人たちはちょっと気の毒だったよ。山ヤは荷物が大きいし、みんな列車内で寝たいでしょ。だから床に転がっているの。邪魔だよね。毎週そんな感じだった」

小泉さんのいう山の先輩とは、1965年8月にマッターホルン北壁に日本人クライマーとして最初に登った第2次RCC（ロック・クライミング・クラブ）同人の芳野満彦さんと渡部恒明さん、アイガー北壁に登った高田光政さん、1966年にグランド・ジョラス北壁に挑んだ伊藤敏夫さん、石井重胤さんなどのことだろう。彼らの活躍は日本の登攀技術が世界でも通用することを実証し、若者たちを大いに刺激した。

1969年5月、谷川岳衝立岩の基部テールリッジでくつろぐダンプさん
（小泉弘さん提供）

小泉さんが岩登りに夢中になったのはそんな時代だ。中野の小さな店にも毎晩、何人ものクライマーが集まっていたのだという。集まるとはいっても3坪のスペースに入りきらないぐらいの商品が並び、外にもあふれていたような状態だから、もちろん座る場所なんてない。店の前で立ち話をするしかなかったのだが、それが楽しかったのだという。

「そのころは山の店もたくさんあって、有名だったのは大倉大八さんというクライマーのお店『欧州山荘』でしたね。ほかにも南博人さんの『渋谷みなみ』とか。それぞれに常連さんがいたけど、カモシカはやっぱりダンプさんの人柄に惹かれて、若者が集まっていたんだと思うよ。ダンプさんは面倒見がいいでしょう。僕は広田とか、小山という仲間がいて、ほかに津田さんや両角くん、門平《もんぺえ》さんとか、労山の人たちもたくさん来ていたね。当時はカモシカで集まった仲間たちと、よく岩登りや雪山へ行っていました。ダンプさんとは所属している山岳会が違ったから、それほど回数は多くないけど、谷川岳や穂高などへいっしょに行ったよ」

そう言って、小泉さんはアルバムから抜き出してきたという貴重な写真を見せてくれた。そこには、山ヤとしての貫禄を持った屈強そうなダンプさんが写っている。

1969年8月、上高地で。前列右がダンプさん、後列左端が小泉さん
（小泉弘さん提供）

1970年5月、一の倉沢での小泉さん
（小泉弘さん提供）

「本当に、ダンプさんは当時から変わらないよね。豪快だけど、女性には優しくて」

さらに、当時のカモシカで買ったという、ハンマーを下げた写真を見せてくれた。

「写真ではわかりづらいんだけど、右胸にハンマーをぶら下げているのね。これは当時、カモシカで買った物ですよ。ほかにもアイスハンマーとか、登攀道具はほとんどカモシカで買ったよ。そのころ、山スキーもはやっていたから、スキー板なども買いましたね。サレワの太くて短い板。手に入れたのがうれしくて、得意げに背負って歩いたのを覚えています。そんな大切な道具は今も捨てられずに家にありますけどね。あ、この写真のハーネスは古くなったザイルで自分で作ったの。そんなにお金がなかったから何でもかんでも買えないでしょう。岩登りの道具を自作するなんて、今では考えられないと思うけど、まあ、無いなりに考えるのも楽しかったね」

笑ってから一呼吸置いて、一段と懐かしそうに話してくれた。

「今、振り返ってみて思うのは、カモシカの店は僕たちにとって梁山泊だったんだねえ。あそこで集まっていた連中、もちろんダンプさんもそうだけど、みんながそれぞれ一人前に羽ばたく前で、いろいろなことをしながら力を蓄えていた時期だったんだよね。その後、みんなそれぞれの道へ飛び立っていった。だって、カモシカがあんなに大きな店になるなんて、誰も想像できなかったし、ダンプさんも一気に有名人になったでしょう。本当にびっくりしたね。まさか、あのころダンプさんが、〝時の人〟今井通子さんとお付き合いしていたとは、当時の仲間の誰も気づかなかったと思うよ」

そう、中野のお店が軌道に乗り始めたころ、ダンプさんはさらに運命を大きく変える女性に出会うのだ。

第4章

登山界の大スターとの恋

カモシカスポーツは綱渡りの経営ながら徐々に商品を増やし、登攀《とうはん》用具のほか、革の登山靴、スキーなどの高価な商品も扱うようになっていた。スキーは、ダンプさん自身が山で使ってみて、当時市販されていたモデルの性能に満足できず、制作会社とともにオリジナルの板を開発し、それを販売したところ大ヒット。ほかにもハーネスを改良したり、今は当たり前となったスキーのクライミングスキン（スキーで斜面を登るための道具）を開発したりもした。

「開発した商品が話題となって、少しずつ売り上げが伸び始めました。でも、クライミングスキンだけはあまり売れませんでしたね。そのころは金具で固定するタイプのものしかなかったので、粘着シールで滑走面に貼り付け、簡単に着脱できるものを考えたんです。実用新案も取ったのですが、時代が早すぎたのかもしれません。そう、そのころで特に覚えているのが、ルネ・デメゾンというフランスの有名なクライマーが、世界一小さな僕のお店を訪ねてくれたことです」

ダンプさんは今でも、この話をするとうれしそうな顔をする。

ルネ・デメゾンとは、モンブランで最も難しいルートと言われ、最後まで誰も登れなかった岩壁、フレネイ中央ピラーを１９６７年に初登攀したクライマーだ。その翌年、グランド・ジョラスの氷ルート・ランスールを登ったことでも知られる。

そのころ、彼が考案した靴やアックス、ザックなど、さまざまな商品が「デメゾンモデル」として売られ、それが日本でも爆発的人気だった。輸入元、ニチレイスポーツの社長はダンプさんと仲がよく、安く商品を取引してくれた。その中のひとつが、デメゾンモデルのダウンジャケットだった。

鮮やかな青色で、裏が赤。表面は光沢のあるコーティングがされているジャケットで、山ヤが憧れて着たダウンだった。ダンプさんはそれを熱心に売った。

「ニチレイスポーツの社長がデメゾン本人に連絡して、カモシカスポーツは日本で一番デメゾンモデルを売っている店だから、日本に来た時には寄るようにと伝えてくれたんです。そうしたら、ある日、ルネ・デメゾンが奥さんと一緒に、本当に来てくれたんですよ。まさか彼が、こんな小さな店に顔を出してくれるとは夢にも思っていなかったから、ビックリしましたね」

店を始めたころは棚を埋めるのも苦労したのに、いつの間にか店内は商品であふれるようになった。やがて店内だけでは収まらず、外にも商品を並べたという。仕入れも忙

ルネ・デメゾン夫妻が中野のお店を訪ねてくれた。彼とはその後も交流を深める。ダンプさんの後ろはお兄さんの重明さん

しくなり、人手が必要になったところ、兄の重明さんが手伝いを買って出てくれ、兄弟二人三脚での経営が始まる。

しかし、そのころのダンプさんを苦しめたのが、商品の盗難だった。スキーは店内に置くスペースがなかったので、店の外に立てかけておいたのだが、それがよく盗難に遭った。しかも売約済みの商品で、ビンディングも取り付け、あとは引き取りに来るのを待つだけのものが狙われ、損失が大きかったという。

「スキーは5台ぐらいは盗まれましたかね。単価が高いから頭にきましたよ。狙われそうな商品はわかっていたから、あらかじめ商品に釣り糸と鈴をつけて盗られないようにしたり、少し離れたところに停めた車の中から見張って、犯人を捕まえようとしたりしました。でも、そんな時には犯人は現れなくて、結局やられっぱなしでした」

もうひとつ頭を悩ませたのが、掛け売り代金の未払い問題だ。当時は商品を買ってもその場では代金を支払わず、あとからまとめて集金する掛け売りが当たり前だった。

ダンプさんは、馴染みのお客さんやお金を持っていない大学の山岳部員たちには、人情もあって、掛け売りにして商品を渡していた。そうすると、その場でお金のやり取りをする必要がないから、つい大きな気持ちになってお客さんは買い過ぎてしまうし、店側も売り過ぎてしまう。でも、掛け売りはお客さんにとっての借金。借金が貯まって高額になってくると、まとまったお金を払えなくなる人も出てきてしまう。お客さんの立場とすれば、手元にお金が入れば、借金の支払いより先に他の新しい道具を買いたくなったり、山へ行く時の交通費にあててしまったりするものだ。

ダンプさんは仕入れの商品代金を現金で払っていた。それが売れてもお金が入ってこないのだから、だんだんと資金繰りが苦しくなり、経営を圧迫し始めた。そして、未回収分の金額が売り上げの2割を超えた時、思いきって掛け売りは一切やらないことに決めたという。

「子どものころ、近所にやさしい文房具屋さんのおじさんがいて、エンピツやノートを欲しそうにしていると、お金はあとでいいよって言って掛け売りのような形で売ってくれていたんです。でも、それが積み重なって未払いのお金が増えると、気まずさからそのお店には行かなくなる。欲しいものがあると違う店で買うようになるんです。大人も一緒ですよね。掛け売りの未回収は、その分のお金が入らないだけでなく、お客さん自体を逃がすことになる。それに早い段階で気づいて、以後はいっさい掛け売りはやらないようにしました」

それまでの慣習を破り、自分なりの経営に切り替えたこともあって、はじめ3坪だったカモシカは、開店から4年目には4坪に広がった。

お店を始めたころは、仕入れや配達は電車を利用していたが、2年ほど経って忙しくなってきたのを見かねて、山の友人がホンダのカブという50 ccのバイクを寄付してくれた。これが自分で持ったバイクの第1号だ。しかし、体の大きなダンプさんと商品を乗せて坂道を上がるにはパワーが足りなかった。

少しして、親戚から日産のキャブライトという、廃車寸前の小型のワンボックスを5万円で譲り受ける。次が自分で貯めたお金で買った新車、日産のチェリークーペ。車を買えるようになったことがうれしくて、納車された時は車の中で寝るほどだったという。しかし、この車は狭く、荷物が積めないことが難点で、しばらくしてダットサンのライトバンに買い換えた。

原付バイク、ワンボックス、新車の乗用車と、車の変遷を見ても、仕事が順調に回り始めたことがよくわかる。

ダンプさんの強運がさらに開け、逆シンデレラストーリーのような大恋愛をするのは、こんな感じでお店が軌道に乗り始めたころだった。

ダンプさんの恋愛の相手というのが登山家の今井通子さん。「登山家の」と言ったが、改めて彼女の経歴を聞いたら誰もが驚くだろう。世界初、女性でアルプス三大北壁を登ったクライマーであり、大学病院で働く医師。さらに人並み外れた美貌の持ち主だった。才色兼備とはまさに通子さんを表す言葉だ。

通子さんはダンプさんより1歳年上。1942（昭和17）年2月1日、東京の経堂に4人きょうだいの長女として生まれる。父母ともに眼科医で、経済的には一般家庭より恵まれていた。しかし、両親のしつけは厳しく、「何でも自分でできるように」とあらゆる家事を教え込まれ、掃除はもちろん、トイレの汲み取りや障子の張り替えまでさせられたという。

一方で、団らんを大切にする家庭でもあり、週末には海や山、冬はスキーに連れていってもらうなど、自然に親しむのがごく自然な環境で育った。

通子さんは高校卒業後、母の出身大学である東京女子医科大学へ入学。医師への道を進む。大学生の時に山岳会を作り、医師を目指しながら本格的な山登りを始めた。

大学を卒業した翌年の1967年、25歳の時、ヨーロッパアルプスのマッターホルン北壁に山仲間の若山美子さんと2人でザイルを組み、女性パーティーとして世界初の登攀を成功させた。さらにその2年後、1969年にアイガー北壁を登攀。これも世界初の女性登攀成功だった。

この記録で通子さんは国民的スターとなり、テレビやラジオなどに頻繁に出演。登山界だけでなく、日本中に通子さんのことを知らない人がいないぐらいの人気者だった。ちなみに、アイガー北壁に登った1969年には、女優の浅丘ルリ子、歌舞伎俳優の第十二代目市川団十郎（当時海老蔵）などとともに第20回NHK紅白歌合戦の審査員を務めている。

そんな通子さんとダンプさんの仲が深くなったのは、山ではなく病院。共通の山仲間である根岸知さんがスキー中にケガをしたことがきっかけだった。

根岸さんはダンプさんたちとスキーをしている最中に誤って立木に激突。顎《あご》の骨を折る大けがを負い、通子さんの務める東京女子医大に入院した。そこで、お見舞いに来たダンプさんと通子さんの接点ができる。病院で何度も会ううち、次第に親しくなり、付き合うようになったのだそうだ。

でも、通子さんは誰もが知る超有名人。美しき登山家の恋をスクープしようと、常に週刊誌が狙っているような状態だった。とても堂々とデートなどできない。そこで人目に付かず会うために活躍したのが、ダンプさんの車、ダットサンだった。

「早く起きて、毎朝6時には彼女の家がある経堂へ迎えに行きました。彼女の両親は僕らの交際に大反対でしたから、家からは見えないところに車を停めて、彼女をピックアップ。それで大学病院まで送り、僕は中野のお店へ向かって、お店が開く10時まで車で仮眠するんです。昼間はそれぞれに仕事をして、仕事が終わった後に、また彼女を家へ送り届けるという毎日でした」

たいてい通子さんの方が仕事が終わるのが早かったので、大学病院から中野のお店まで1人で来て、ダンプさんの仕事が終わるまでじっと車の中で待っていたという。

小泉弘さんの話のように、当時のカモシカスポーツは山ヤが集まる場所だった。その誰にも気づかれずに逢瀬を重ねていたとは驚きだ。しかも、通子さんがあの怪しいお店が並ぶ暗い路地を通って、毎日のようにカモシカスポーツへ通っていたとは。

ある時は、人が少ないシーズンオフの山へ一緒に行ったこともあったという。そのひとつが北アルプス涸沢でのデートだった。当時のことを覚えている人がいる。涸沢ヒュッテの会長、小林銀一さんだ。

小林さんにその時の話をうかがうため、6月の初め、カモシカ主催の涸沢スキーツアーに行くというダンプさんと上高地で待ち合わせて、小林さんの待つ涸沢へ向かった。

涸沢は上高地から梓川沿いのなだらかな道を約3時間、その後、穂高の中腹へ向かって本格的な登山道をさらに3時間ほど登ったところにある。私が従業員時代もその後も、ダンプさんとは何度か一緒に歩いた道だ。

ダンプさんが涸沢へ行く時の登山スタイルはいつも決まっている。お世話になる山小屋の従業員に渡すお土産と、着替えが入った小さめのザック。そしてザックの横にコンビニで売っているビニール傘をはさむのが定番だ。靴は履き慣れたローカットのトレッキングシューズ。

この日はあいにくの天気で、途中からパラパラと雨が降り出した。ダンプさんはザックに取り付けてあったビニール傘を取り出して開く。歩き慣れた涸沢への道では、多少の雨ならレインウェアは着ずに傘を差して歩くのだ。レインウェアは蒸れるので、あまり好きではないそう。大きなダンプさんが小さなコンビニ傘を差して歩く姿は、まるでアニメに出てくる「トトロ」のように見える。

初夏の山の景色を眺めながら、新緑が雨にしっとりと濡れて美しい道をゆっくりと歩く。

「このあたりはウドが多いんですよ。ああ、このコシアブラは開きすぎていてもう時期が遅いな。国立公園内だから、もちろんどっちにしても採ってはいけないけどね」

山菜好きのダンプさんは、新緑の時期には血が騒ぐようだ。

「それにしても、今年は雪がすごく少ない。例年だとここは雪の上をトラバースするんだけどね。ああ、それにしても今の時期は人が少なくて静かでいいね。もっとみんな、この時期に山に来ればいいのに」

そう言って立ち止まり、深呼吸をして辺りを見回す。

「今の時期は山にエネルギーがあるよね。紅葉もいいけど、秋は最後の美しさというか、後に散っていくさみしさも合わせ持っているでしょう。それに比べて新緑の時期は、木々がこれから成長していく力を持っているよね。改めて見ると、木はいいなあって思うな。毎年、こうやって青春が来るんだから。人間は紅葉みたいに黄昏《たそが》れたら、もう終わりになっちゃうからなあ……。いや、僕は、気持ちだけは今も青春だけど」

こんなかっこいいことを言って笑わせてもくれる。

涸沢への道を行くダンプさん

新緑が萌える横尾本谷

ダンプさんと山を歩くと、いつもペースが一定であることに気づく。なだらかな道も、傾斜が急なところも、早くなったり、遅くなったりせず、一歩一歩を大事に進むのだ。

「人生と一緒で、なるべく乱さないようにしているんだ」

そのことをダンプさんに聞くと、まずはそう冗談を言ってから、

「ペースを一定に保って登るのは、ヒマラヤ遠征で覚えたことなんだけど、バテないための一番のコツだね。ちょっとキツいかなと思ったら、一度立ち止まって呼吸を整える。そこで無理をしてオーバーペースを続けると、動けなくなっちゃうんだよ」

とアドバイスをくれた。


私たちはお昼前に涸沢に到着。涸沢ヒュッテの戸を開けて中に入った。

「いらっしゃい。よく来たね」

小林さんが迎えてくれた。

「ビールがいい？　それともワインにするかな？」

いつものように労をねぎらってくれる。

私たちは着替えを済ませ、涸沢ヒュッテの食堂でおもてなしを受けた。一呼吸ついた

ころ、小林さんがダンプさんと出会ったころのことを話してくれた。

「今井通子さんと結婚する前だから、もうダンプさんとは50年以上の付き合いになるんだけど、その前から涸沢にはよく来てくれていたんだよ」

それにダンプさんが答える。

「そうそう、あれは21歳ぐらいのときかな。そのころ、いろいろな山岳会が夏の涸沢に来て、テント生活をしていたの。僕は労山の先輩、大網さんに谷川岳へ連れて行ってもらってから岩登りに目覚めて、その後、涸沢に来て、ここをベースに夏の間中、岩登りをしていたんですよ」

小林さんによると、当時は涸沢にテントを張って1～2カ月生活をしながら、岩登りに没頭するクライマーが大勢いたそうだ。涸沢にはテント村ができてにぎわっていたという。

ダンプさんが話を続ける。

「長期で滞在するために、みんな大量の食料を持ってくるんだけど、最後にはお米が余ったりする。僕はテント村を回って、余ったお米を集めるわけ。それをヒュッテへ持っていって、お金と交換してもらっていたんだ」

結婚前に通子さんと2人で涸沢へ行った時、
登山道で会った登山者（右2人）と記念撮影

「そのころのダンプさんはテント生活で、私は小屋にいたからあまり会わなかったんだけど、確かにテント場で残ったお米をヒュッテで買い取っていたよ。当時は、食料はすべてボッカ（人が背負って荷上げすること）だったから、山小屋としてもお米は貴重だったんだよね」

「そのお金で、帰りに松本のフォルクスっていうお店でカツの乗ったラーメンを食べるのが楽しみだったなあ。夏はお店を閉めて涸沢へ行くという生活を3年ぐらい続けただろうか。その間に山仲間がたくさんできたりして。だから、僕にとって涸沢は青春の地なんですよ。銀ちゃん（小林さん）はそのころからほかの人にはない風格があってね。ヒュッテにはずいぶん怖いオヤジがいるなあって思っていたっけ」

「おいおい、そのころは俺もピチピチで若かったんだから、オヤジなんて言うなよ」

と小林さんはダンプさんと笑い合う。

ダンプさんと通子さんは、結婚前のまだ付き合っている時に、2人で涸沢に来たことがあったそうだ。

「小屋締めのころだったから、11月の初めかな。通子さんはもうマッターホルン、アイガーに登っていて、日本の女流登山家が世界で初めて登攀したというので、たいへんな人気者だった。私ももちろんテレビなどで見ていたから知っていて、すごい人が来てくれたと思ったよ。夕食まで、まだ時間があったから、通子さんとダンプさんと散歩でもしようかということになって、2人をフカスの岩小屋へ案内したんだよ」

フカスの岩小屋というのは、涸沢にある巨岩でできた岩小屋（自然にできた岩の隙間）で、大正時代からここをベースに岩登りの練習がされていた歴史ある場所だ。そこを整備していたのが、「フカス」というあだ名の深沢正二さん。戦後間もないころ、深沢さんは涸沢に住み着いて、雪渓でスキーの研究や指導を行っていたそうだ。深沢さんは「涸沢天皇」とも言われ、涸沢を訪れる人に広く知られていたという。

「フカスの岩小屋から涸沢カールを眺めたのを覚えていますよ。うっすらと新雪がかかってきれいだったなあ」

ダンプさんは目を細めて懐かしんだ。

小林さんにそのころのダンプさんと通子さんの印象を聞いてみた。

「通子さんは有名人だったし、ちょっとクールで、初めは近寄りがたい印象だったね。ダンプさんはまじめで山男としてすばらしい人だなと思った。ダンプと言われるだけの大きな体だったたし。その日をきっかけに2人とはずいぶん親しくなって、一緒にお酒を

涸沢で穂高の山々を見ながら談笑する小林銀一さん（右）とダンプさん

酌み交わしたり、おいしい物を食べに行ったりして、今に至るというわけ」

ダンプさんは青春を過ごした穂高、涸沢で通子さんと過ごし、改めて結婚を誓ったという。

ちなみに1996（平成8）年には通子さんとの結婚25周年を祝う銀婚式を、奥穂高岳の稜線に立つ穂高岳山荘で行った。翌日には友人でオーナーの今田英雄さん、スタッフの宮田八郎さんと奥穂高岳山頂へ。今も2人の忘れられない思い出になっている。


結婚前の話を聞いているうちに、ダンプさんが好きになった通子さんはどういう人なのか、また、通子さんはどうしてダンプさんとの結婚を決めたのか、ぜひとも直接聞いてみたくなった。

ダンプさんに通子さんと話すチャンスがほしいと言うと、2人にとって切っても切れない思い出の場所、ヨーロッパアルプスへ一緒に行くから、そこに同行すればいいと誘ってくれた。

「いきなりヨーロッパへ？」

たじろいだが、ヨーロッパアルプスで、2人から話を聞く機会はそうあるものではない。それに旅行中、一緒に過ごせば、より深いことも聞き出せそうだ。私は2人に同行させてもらい、フランス・シャモニへ飛ぶことを決心した。

第5章

結婚記念に登ったのはジョラス北壁

日本からドイツのフランクフルトを経由し、15時間ほどかけてスイスとフランスの国境にあるジュネーブに来た。高さ140mにも達する大噴水で有名なレマン湖のほとりを通り、車で1時間半ほど走って山岳都市シャモニに到着した。

シャモニは西ヨーロッパ最高峰のモン・ブラン（4810m）麓に位置する町で、アルピニズムの聖地とされている。氷河を抱く4000m級の山々に囲まれる町の中心には、モン・ブランの初登者のひとりであるバルマと、出資者ソシュールの銅像が立ち、山岳都市の雰囲気が満ち満ちている。

石畳の道の両側にはカフェや食品店、お土産物店、ホテルなどが建ち並ぶ。そうした建物の窓辺にはペチュニアやゼラニウムなどの花が飾られて美しい。1924年に第1回冬季オリンピックが開かれた地で、山だけでなく、スキーのメッカとしても知られる。そのほかにもパラグライダー、キャニオニング、ラフティングなど、さまざまなアウトドアリゾートで栄えている町だ。

この旅はカモシカスポーツの社員研修だった。あとで詳しく紹介するが、カモシカの社員には、世界を見据えた広い視野をもって働いてほしいと、ダンプさんが企画した研修旅行だ。私は社員5名とダンプさん、そして講師の今井通子さんのグループに同行させてもらうことになった。

今までにも私は、山の関係者などが集まる場で、今井通子さんとは何度か会ったことがあった。でも、通子さんと同年代の山の先輩たちからは、勝ち気な性格で仲間から「シャモ（軍鶏）」と呼ばれていたとか、口げんかになったら男性でも歯が立たないという話を聞いていたし、通子さんをモデルとした新田次郎の山岳小説『銀嶺の人』の駒井淑子から想像すると、自信に満ちあふれて、やはり近づきがたいイメージ。顔を合わせても、あいさつをするのが精一杯だった。

でも、実際に話してみると、失礼ながら笑顔がかわいらしく、サバサバした性格で、「何でも聞いてちょうだい」とこちらを受け止めてくれるような心の大きさを持った人だった。

私は、シャモニの町を拠点とした数日のハイキングをする社員研修のプログラムの合間を縫って、ダンプさんと通子さんにモンタンヴェールに連れて行ってもらった。そこは2人が結婚直前に、駆け落ち同然の状態で登ったグランド・ジョラス（以降ジョラ

イタリア側からのグランド・ジョラス（右奥）をカメラに収める通子さん

通子さんは事細かにアルプス登攀時の話をしてくれる

ス）の北壁が間近に眺められる。ジョラスは2人が結婚式を挙げた場所というだけでなく、ダンプさんにとっては初めてのヨーロッパ遠征、初めてのビッグウォールへの挑戦であり、通子さんにとっては女性で初めてヨーロッパ三大北壁を登るという偉業を成し遂げた山でもある。2人にとって最大の思い出の場所、ジョラスの北壁を見ながら当時の話をしてもらおうと思ったのだ。

モンタンヴェールへはシャモニから登山鉄道で20分ほど。プラットホームに入ると

「この列車はね、進行方向左側に乗った方が景色がいいの」

2人はワクワクを抑えられないと言った表情で列車に乗り込む。

「私は何度も乗っているから、あなたは景色が見やすいこちらに座るといいわよ」

通子さんは、ボックスシートの窓側、進行方向側の座席を譲ってくれた。

この登山鉄道はラック式という歯車形のレールで、勾配の強いところも滑らずに登れるようになっている。そのため、ゴトゴトという独特の音と振動があるのが特徴だ。

1971（昭和46）年7月、ダンプさんと通子さんは、通子さんの両親の許しをもらえないまま結婚を決めて、ここを訪れた。ヨーロッパで結婚式を挙げるなら、普通はおしゃれな教会で、花嫁はウェディングドレスを着そうなものだが、通子さんはドレスに

はあまり興味がなかったそう。2人の頭には「山」しかなかったのだ。

ジョラス北壁に強い憧れを持っていたダンプさんは、山仲間の若井進さん、丹下博さん、両角泰夫さんとともにこの日を夢見てトレーニングを重ねてきた。ヨーロッパアルプスには登攀対象となる岩壁が多くあるが、そのなかでも明るく開けていて、眺めもいいというジョラスにダンプさんは特別の思いを抱いていたという。

登攀のメンバーは、ダンプさん、通子さんと前記の3人の計5人だ。シャモニのキャンプ場で登攀のための買い出しと、高度順応をかねたトレーニングを数日行い、いよいよ7月7日、登攀に向かう時も5人でこの列車に乗ったという。

「ジョラスは夏の間でも登れるチャンスは少ない。早すぎると雪が多くて苦労するし、かといって帰りの飛行機は決まっているから、限られた日数の中でそのチャンスを逃さないようにしなければならなかったんだ。我々が行った時は、雪が多くて登るには少し早い感じだったけど、壁の直下まで行って、機会をうかがうことにしたんだよ」

ダンプさんが話してくれた。

私たちは、北壁を一望できることを期待して登山列車に乗ったのだが、モンタンヴェールに着くと、残念ながらジョラスは雲に隠れ、2人が登った岩壁の下部だけが、霧に見え隠れしているような感じだった。しばらく天気の様子を見ることにする。

少し霧が上がると「お、晴れてきた。このまま雲が上がってくれるといいね」と言い、少し霧が厚くなると「あら、隠れちゃった。やっぱり今日はダメかな」と肩を落とす。2人は雲の動きに一喜一憂。まるで、50年前と同様、これから北壁をめざすための機会をうかがうクライマーのようだった。


天気待ちをする間、私が惹かれたのは、通子さんが山を見る時の眼差しだ。少しでもよく見たい、1枚でも多くかっこいい写真を撮りたいというように、常に山を見つめ、カメラを構えている。通子さんは今も山に恋をしているのだと思った。

心を踊らせている通子さんに、今も岩壁を登りたい気持ちはありますか？と聞いてみた。

「そうね、フランス人かイタリア人のかっこいいガイドが付いてくれるなら、登ってみたいかな」

通子さんは肩をすくめ、ダンプさんの前でおどけてみせた。

「ここから見るとメール・ド・グラスの氷河がS字になっていて、奥に白く光ってきれ

S字を描くメール・ド・グラスの奥にグランド・ジョラスが姿を現すのを待つ。モンタンヴェールで

晴れた日のフレジェール展望台から見るグランド・ジョラス（左）。いちばん左が最高峰のウォーカー・ピーク（4208m）。2人が登ったのはウォーカー・ピークから真下に落ちる黒い岩壁のあたり

いなところがあるじゃない？　僕たちが登った時は氷河全体があんなふうに真っ白できれいだったんだよ。それから比べると、ずいぶん氷河が後退しちゃったな」

ダンプさんが感慨深く言うと、通子さんが少し考えてから続けた。

「今は氷河の上に岩や石の堆積物が乗っていて、黒っぽく見えるじゃない？　あのころはそれがほとんどなくて白かったの。氷河も今よりずっと高くて量も多かったのよ。氷河の表面は粗目雪みたいで、歩きやすかったし」

今見えている氷河の奥にレショー小屋という山小屋があって、登攀時はそこに詰めて、北壁に取り付く機会を待ったそうだ。マッターホルン、アイガー、ジョラスの三大北壁のうち、技術的に一番難しいのがジョラス、危険性が高いのがアイガー。マッターホルンはほかのふたつに比べると登りやすいのだという。

さらにジョラスは雪や天候のコンディションによって、困難さに大きな違いが出る。岩壁が最良のコンディションとなるまで、5人は1週間もレショー小屋で待つことになった。

途中、食料が足りなくなったので、片道1時間以上かけて何度かモンタンヴェールへ戻り、さらにシャモニまで下りて食料の買い出しをしたそうだ。

「氷河を歩くのはいいんだけど、ハシゴの登り下りが大変なのよ。あの氷河へ下りるのに、200mぐらいのほぼ垂直なハシゴがあって。ハシゴといっても華奢《きゃしゃ》な感じだし、長い年月で磨かれていて滑りそうだし、怖かった。買い出しはみんなで交代で行ったのよ」

と通子さんが言うと、ダンプさんが

「え、お前も買い出しに行ったっけ?」

と言う。通子さんは、ダンプさんと一緒に行ったのに覚えていないの? という表情で

「私もしっかり行かせていただきました」

と応酬をする。

5人のメンバーが、レショー小屋で待つこと7日目。7月14日になってようやくチャンスが来た。天気は快晴。待っている間に雪のコンディションも整い、この先、数日は天気も安定するという。

登るルートとなるジョラスのウオーカー稜は、高度差1200mの切り立った岩壁だ。そこを数日かけて登る。ダンプさんパーティーは、抜群の登攀センスを持つ丹下さんを

トップに、両角さん、ダンプさん、通子さん、若井さんと、それぞれが40mの間隔でロープに繋がり、前後の人を確保しながら登攀する。5人グループだから、登るのにより時間がかかったそうだ。

毎日午前2時から登攀をはじめ、途中、日が暮れるとかろうじて腰を下ろせるテラス(岩棚)に座り、ツエルトにくるまって寝ることを繰り返した。ルートの見極めに苦労したりしたり、ダンプさんが通子さんに繋がるロープを引き上げて、通子さんが岩壁に宙づりになるというアクシデントもあったが、5人は確実に高度を稼ぎ、4日目にようやく山頂間近まで迫った。

しかし、山頂は目前なのに、その日は朝から天気がよくない。濃霧がかかり、10m先も見えない感じだった。霧は日が高くなるにつれて回復するだろうという一行の予測とは裏腹に、雲はどんどん厚くなり、やがて強風が吹き、雷鳴がとどろいて霰《あられ》が降ってきた。

通子さんがその時の様子を振り返る。

「霰は発泡スチロールの玉をこぼしたようだった。それが風にあおられて右へ左へと動きながら落ちてくるの」

霰は、あっという間に辺りを白くしたが、さらに恐怖をあおったのが雷だ。

アイゼンにしてもハーケンやカラビナなど、登攀に使う物は金属が多い。それを身にまとっているのだから、いつ雷に直撃されてもおかしくない状況だった。ダンプさんは
「金属の登攀具が静電気を帯びて、ジー、ジーとうなりを上げるんだよ。それはもう、怖いなんてものではなかったね。しばらく岩に身を潜めてじっとしていたんだ」

でも、嵐はなかなかやまない。悪天のなか、ついに山頂に到達。しかし、喜ぶ余裕もなく、安全な場所を探した。

「せっかく登ったんだけど、山頂近くには逃げられる場所がなかったので、急いで200mほど岩壁を降りて、やっと5人が座れる氷河の割れ目を見つけて。この日はこれ以上動くのは困難だったので、ここでビバークすることにしたんだ」

さぞや、つらい夜だったのではと聞くと、

「そのビバーク地が意外に快適で、悪天から僕たちを完全に守ってくれました。ホッとしたところで、丹下くん、両角くん、若井くんがおもむろにザックを空けて、中から赤飯の缶詰ひとつと、シャンパンの小瓶を取り出したんです。なんでも3人が登攀前に相談して、僕らの結婚を祝おうと準備してきてくれたんですよ」

グランド・ジョラス山頂で仲間たちが結婚を祝ってくれた。中の2人の右が通子さんで左がダンプさん

ダンプさんが言うと、通子さんも続けて
「登攀の時は、荷物を限界まで減らしていくものなのに、まさかシャンパンの瓶がザックから出てくるとはと驚いた。ジョラスの山頂で結婚式をしようというのはダンプさんのアイデアで、ベールと指輪ぐらいは用意しようと思っていたんだけど、私たちは出発前に時間がなくて、何も準備ができなかったから、より感動したわね」

2人からそんな話を聞いているうちに、モンタンヴェールは突然、黒い雲に覆われ、雷が鳴って雹がまざった大雨が降り始めた。気温がみるみる下がり、夏なのに震えるほどだ。稲光とともに雷鳴がとどろき、大粒の雨が地面に跳ね返って、軒下にいる私たちの足元を濡らす。まるで50年前、ダンプさんたちが北壁を登っている時の天気を再現しているようだと思っていると、ダンプさんが言う。

「あの時はこんなものじゃなかったね。もっともっとひどかった。だって、シャモニの町でも強風が吹き荒れて、テントが飛ばされる被害が出たぐらいだったから」

そんな状況で、北壁最難といわれた岩壁を登るとは。本当にこの2人は想像を絶する登山家だ。

私たちは駅に併設されたカフェに移動し、雨宿りをした。お茶とケーキを食べながら、通子さんが話し始める。

「私たちが付き合い始めたのは、志賀高原で根岸くんが骨折したことがきかけだったたってことになっているけれど、本当はもっと前に会っているのよ。私がアイガーを登りに行く前、三ツ峠で、アイゼンで岩を登る練習をしていたんだけどね、その最中にダンプさんが立ち上げた山のグループ『赤いリス』のメンバーがたまたま岩登りの練習をしていて、土屋くんという子が岩から落ちちゃったの。それを私たちが救出して、下まで下ろしたんだけど。それが本当の最初の出会い」

「そうそう、その時僕はお店にいたんだけど、連絡を聞いて驚いて、いろいろとお金が必要だろうから、とりあえず店の売り上げを全部バッグに詰めて慌てて病院へ駆けつけたんだ」

「私が病院にいたら、ダンプさんがお世話になりました!って言いながら慌てて病室に入ってきて。第一印象? そうねえ、子どもが2、3人いるおっさんだと思った。私より10歳は年上に見えたの。その時ダンプさんは労山の救助隊の隊長をやっていたから、労山の関係者が来たというようにしか見ていなかったわね」

そのころ、岩登りが大ブームだったことはすでに書いたが、人が多いだけに岩場での事故も多発していた。ダンプさんは救助態勢をしっかりしなければならないと考え、東京ベルグバハト（ドイツ語で山岳救助）という団体をつくり、レスキュー技術を磨いて、山岳救助の第一線で活動していた。

通子さんにとっての最初の出会いは、根岸さんではなく土屋さんが入院した病院ということになるが、ダンプさんの記憶ではさらに数年さかのぼるという。

「シャモニの名クライマー、ガストン・レビュファが来日して虎ノ門で講演会を開いたんだけど、そのチケットをもらう時に、吉尾弘さんという山の大先輩が通子を紹介してくれたんですよ。通子は黄色いワンピースを着ていて、上品でステキだった。ああ、こんな人と結婚できたらいいなという思いが一瞬、頭をよぎったね。きれいな人と会ったら、誰でもときめくじゃない？　そんな感じだった。まあ、今思えば、それは過ちだったけど（笑）」

ダンプさんはひと言冗談をはさんで続けた。

「でも、まじめな話、僕と通子は住む世界が違うと思っていたんだ。その後も谷川岳ですれ違ったり、他の山で見かけたこともあったけれど、一切、僕は声をかけなかったから」

「あら、そう？　私は全然知らなかったわ」

通子さんは笑った。

そんな通子さんに、大勢いる山の仲間の中から、どうしてダンプさんとの結婚を決めたのか聞いてみた。

「そのころ私の仲間は年下の男性が多くて、恋愛の対象として見られなかったということもあるんだけど、結婚するなら、自分で食べられる人、自分でお料理ができる人、自分でお掃除ができる人がいいなって思っていたの。ダンプさんは当時からお料理が上手だったし、車とか身の回りがきれいだったんですよ。だから、ずいぶんマメできちんとした人だなと思っていました。ところがね、これはあとから知ったんだけど、実は、車の掃除はダンプさんじゃなくてお兄さんがやっていたのよ」

「いやいや違うよ、俺がけっこう掃除していたんだ。兄貴もやったかもしれないけど、通子が見た時はたまたまだって」

ダンプさんは頭をかく。

「私を特別扱いせず、普通に接してくれたこともよかったわね。あとは、おもしろいことを次々に考えてくれたことかな。結婚の記念にジョラスに登ろう、なんて言う人、ほかにいないでしょう。女性初の三大北壁登攀というのは、結果的にそうなっただけなのよ」

「僕は通子がジョラスに登れば、新しい記録ができるというのがわかっていたから、何としても登らせてあげたかったんですよ」

人には考えつかないアイデアを実践し、グイグイとリードする男気のある性格が、通子さんの心を引きつけたのだろう。

ちなみに、ジョラス登頂後はシャモニで友人たちに祝ってもらい、その後、ともに登った仲間たちと一緒に、数日間の新婚旅行を楽しんだそうだ。

でも、帰国してからが大変だった。

飛行機が成田に着き、他の乗客とともに降りようとしたら、突然、キャビンアテンダントに止められ、機内で待つように言われた。何事かと待っていると、今度は日本航空のキャビンアテンダントたちが機内に乗り込んできた。

「ご結婚おめでとうございます」

グリンデルワルトのハイキング道からアイガーを見上げるダンプさんと通子さん

登山鉄道の中でも2人は山の思い出話で盛り上がる

いきなりそう言うと、大きな花束を渡された。

ダンプさんたちのジョラス登頂成功と山頂結婚式のことは、日本でもすでに大きく報道され、テレビや新聞社の記者が大勢待ち構えていた。まるで映画俳優のように飛行機のタラップを降り、報道陣に取り囲まれたそうだ。

「いやぁ、あれには参ったよ。話題になるのはある程度想像がついていたけれど、あそこまで大変なことになるとは思ってなかったから。家に帰るつもりだったのに、そのままホテルに連れて行かれて、カメラがずらりと並ぶ前で記者会見をやらされ、その後もインタビューの嵐だったんだ。でも、それのおかげで通子の両親も結婚を認めてくれて、ちゃんとした結婚式を挙げなさいと言ってくれたのが、何よりもうれしかったね」

ダンプさんはそう言って笑顔を浮かべた。

このようにして、晴れて2人の生活が始まった。だがそれは、ダンプさんと通子さんにとってはごく自然の、しかし他人から見れば一風変わった夫婦生活の始まりだった。

第6章

運を自らに呼び寄せる人

フランスからの帰国後、晴れてダンプさんと通子さんは結婚式を挙げた。場所は旧迎賓館（現東京都庭園美術館）。

「それは、それは豪華な結婚式でしたよ。後にも先にもあんな披露宴には出たことがありません。数百人も招待されて、会場にはグランド・ジョラス北壁の氷の彫刻が飾られていました。今もその時の列席者と顔を合わせると、誰が来ていたねとか、こんなお祝いの言葉があったよねとか、ダンプさんたちの披露宴の思い出話をするんですよ」

カモシカスポーツの初期時代を知り、結婚式にも招待された小泉弘さんは、今も顔をほころばせながら話す。

そのころ、カモシカスポーツは中野から高田馬場へ移転した。中野の店は改装して4坪に広げたもののお客さんがあふれて、収拾がつかない状態になっていたからだ。

高田馬場の新店舗は駅のすぐ西側、高台に立つ新築マンションの1階と地下の2フロアに作られた。面積は合わせて90坪。中野のお店の20倍以上もあった。一気にそこまで店の規模を広げた理由を聞いてみた。

「中野のお店はとても狭かったから、山の仲間が集まってきても外で立ち話をするしか

旧迎賓館で行われたダンプさん、通子さんの結婚式

ないような状態でした。それを見ていたから、新しい店は登山者が買い物に立ち寄るだけじゃなくて、くつろげるようにしたいと思っていたんです。店に来る人は山が好きだったり、自然に興味があるわけじゃないですか。都会にいても、みんな山の雰囲気に浸りたい気持ちがあると思う。だから座る場所を設けて、お茶を飲みながら山の本を読めたり、仲間が集まって情報交換をしたり、山岳会が集会に使えるスペースを作ったり、そういう空間的な余裕をもてる場所を探しました」

その言葉の通り、店の奥には広い集会所のスペースをつくった。そこは先鋭的な岩登りをしていた第2次RCC（ロック・クライミング・クラブ）も利用していたそうだ。入口近くには、ダンプさんが持っていた山の本と通子さんの著書を並べ、お客さんが自由に読めるようにしたという。店を広げたら、そこにめいっぱい商品を並べたくなるのが普通だと思うのだが、あえて余裕をつくるのがダンプさん流なのだ。

通子さんと出かけたジョラスの遠征は、記録と思い出を作っただけでなく、ダンプさんの仕事にも大きな影響を与えた。

ジョラスに登る時に滞在したシャモニには、町で一番大きな登山用品店であるスネルスポーツがある。そこに勤めていた鈴木勝さんが、ダンプさんを社長のスネルさんに紹介してくれたのだ。

「せっかく、近代登山のメッカであるシャモニへ行ったからには、何か日本に持ち帰りたいと思っていました。でも、フランスの店に日本人がいきなり行っても相手にしてくれないから、鈴木君が紹介してくれたのはありがたかったですね」

シャモニにたくさんある店のなかでも、スネルは特に登山用品がそろっていたので、大いに参考になったという。

当時、日本の登山用品店は、登山靴や登攀具が商品の中心で、ウェアはほとんど扱っていなかった。

「スネルはカラフルな登山専用のウェアがそろっていて、商品のディスプレイもおしゃれだった。シャモニの店を見て、新しい店造りのヒントにしました」

その後、ダンプさんはスネル社長との付き合いを深め、カモシカスポーツはスネルスポーツと姉妹店として業務提携をすることとなる。ヨーロッパで開発された新商品の情報をいち早く教えてもらったり、スネルの商品をカモシカに送ってもらえるようになった。スネルが送ってくる登攀具などは、まだ日本にあまり流通していなかった商品だけに、カモシカの新店舗の目玉になったそうだ。カモシカからは当時、ヨーロッパには少なかったツエルトを送り、それをスネルで売ってもらったという。

しかし、スネルからもらったヒントで大失敗をしたこともあった。

スネルスポーツの店には、登山靴の履き心地を試せるように、山の岩場に似せて、高さ4ｍほどの岩場が再現されていた。これはいい、と思ったダンプさんは、高田馬場の新店舗にも人工の岩場を作ることを思いついた。

人口壁用の石を注文し、わざわざ群馬から庭石屋を呼び寄せた。予算がなかったから、ダンプさんと兄の重明さん、それに唯一の従業員だった大滝くんも手伝って、石屋さんと一緒にセメントをこね、数百kgの石を積み上げて、高さ3・5ｍもある岩場を完成させた。が、喜んだのもつかの間。店が入るビルの設計事務所から、「この岩場は重すぎてビルの耐久性に問題が出るから撤去するように」と言われてしまったのだ。

「指摘された時、セメントはもうガッチリ固まってしまっていたから、ハンマーとタガネで壊していくんだけど、落胆と惨めさで涙が出そうでしたよ」

ダンプさんは笑いながら振り返る。

結局、その岩壁を半分ほど取り除いたところで建設会社の許可が下りた。岩場は中途

スネルスポーツと業務提携をしたころ、雑誌に掲載されたカモシカスポーツの広告（『山と溪谷』1973年1月号より）

半端な大きさとはなったものの、新店舗の一角でお客さんを迎えることになったという。

さて、新店舗が順調に売り上げを伸ばすなか、「ヒマラヤ遠征隊の隊長を引き受けてくれないか」という大きな話がダンプさんに舞い込んだ。

ある日、山の友人であった高橋好輝《よしてる》さんと田中祥治さんが店にやってきて、遠征隊を率いて、ヒマラヤにあるダウラギリⅣ峰へ行ってほしいと言ったのだ。

ダウラギリⅣ峰というのはネパールの中部に位置するダウラギリ山系の一山で、標高7661m。世界最高峰のエベレストや、日本人が初登頂したことで知られるマナスルなどに比べて知る人は少なかったし、ヒマラヤ山脈のなかでも特に奥まったところにあって発見されるのが遅かった。そんなこともあり、まだ誰も山頂に立っていない「未踏峰」として残っていた山だ。

「初めにダウラギリⅣ峰へ行かないかって声がかかったのは1970（昭和45）年、中野のお店のころだったんです。でも、その時、僕は通子とジョラスに行くことを決めていたこともあって参加できなかった。今度は隊長として行ってくれということだから、名誉に思ったたね」

でも、ヨーロッパに憧れていたダンプさんが、どうしてヒマラヤへ？　そしてヒマラヤ遠征の経験がないダンプさんがいきなり隊長？　誰もが疑問に思うだろう。

1週間ほどで登れるヨーロッパの岩壁と、時によっては数カ月もかかるヒマラヤでは、遠征の日数がまったく違う。さらにキャラバンでは、大勢の隊員をまとめなければならない。

「隊長に選ばれた理由？　それは僕を誘ってくれたヨシさんに聞いてみて」

ダンプさんはすぐに高橋好輝さんを紹介してくれた。私はさっそく東京に住む好輝さんを訪ねた。

喫茶店で待ち合わせをし、あいさつもそこそこに、待ちきれず、私はⅣ峰遠征時の話を聞いた。

「あれは1973（昭和48）年だったでしょうか。カモシカにダンプさんを訪ねて、ダウラギリⅣ峰遠征隊の隊長になってくれって頼んだんです。ダンプさんとは誕生日が6日違いの同じ年だし、山でよく会う友人の1人で、前からよく知っていたんですよ」

笑顔を浮かべながら話す好輝さんは姿勢がよく、話の端々にきまじめさがにじむ。遠征時のことは今もハッキリ覚えていると、遠征に至る経緯を詳しく話してくれた。

「ダウラギリⅣ峰は、当時、ネパール政府が登山許可を出していた未踏峰では一番標高が高かったんです。まだ誰も登っていない山というのは大きな魅力で、60年代から70年代にかけて、日本だけでなく、イギリスやオーストリアなど、世界じゅうの遠征隊が挑戦していました。が、ことごとく失敗し、１９７３年時点でも未踏峰として残っていました」

好輝さんは「日本グループ・ド・オート・モンターニュ（ＧＨＭＪ）」という山岳会に所属していて、１９７１年に芳野満彦隊長のもと、ダウラギリⅣ峰に挑戦している。しかし、全行程の半分も行かないところで撤退したそうだ。

「とにかく難しい山なんです。隊が入るたびに遭難者が出たので、キラーピーク（殺人峰）と言われていました。ＧＨＭＪが登れなかったのは、完全に人材不足でしたね。遭難者が出なかったのはよかったけれど、とても我々が登れる山ではなかったです。でもそうやって登れない山を残しておくのは嫌だった。個人的なことなんですけど、一度失敗したからこそ、何としても再挑戦したかったんです」

ここでダンプさんたちが登る前までの、ダウラギリⅣ峰の登山史を簡単に整理しておこう。

1962年秋と65年春にイギリス空軍隊を皮切りに、69年秋にオーストリア隊、70年春に関西登高会隊、70年秋に福山山の会隊、71年春に好輝さんが参加したGHMJ隊、72年春に群馬県岳連隊、72年秋に日本岩登協会隊、73年春にオーストリア隊、73年秋にイギリス隊、74年春にイギリス隊、75年春に大阪府山岳連盟隊が挑戦している。12隊もが挑んだ結果、69年のオーストリア隊が雪崩で6名、72年の群馬県岳連が松井高重郎隊員を高山病で失うなど、17人が命を落とした。ネパールきっての「魔の山」だったのだ。

73年、標高6500mで隊員1名が滑落死したイギリス隊のメンバー、イアン・ロウ氏が帰国後に語った言葉が『山と溪谷』74年4月号に掲載されている。

「登山は困難を極めた。ルートがあまりにも長すぎた。デウィソン隊員は600m滑落して死亡し、氷河に埋葬した。この事故の後、ポーター一人が雪崩で死亡し、わが隊は、二人の隊員を失った。私は二度も頂上アタックをかけたが、いずれも悪天候と食料不足で断念した。ダウラギリⅣ峰はきっと登頂できるだろうが、ルートが長いので、テント間の通信が非常に難しい。これを克服しなくてはならない。ルートはエベレストよりはるかに長いだろう」

ダンプさんが登る直前、75年春に大阪府山岳連盟の隊員2名が登頂をしたとされる。しかし、山頂へ向かう姿が確認されたのを最後に、2人は行方不明となり、その真偽は誰にもわからない。

そんな困難を極める山に、好輝さんはどうして再挑戦したいと思ったのだろうか。

「私たちの隊は、初登頂にはこだわっていなかったんです。それより、あの山は戦略的におもしろい」

エベレストはベースキャンプ（BC）からキャンプを延ばしても、C4（第4キャンプ）かC5をつくれば登れる。しかし、ダウラギリⅣ峰は計画段階でもC7までは必要で、結果的にはC9まで作ることになり、行程がとても長い。数あるヒマラヤの山でも、これだけ困難なところはあまりないのだという。さらに、途中にはミャグディ・マータという標高6273mの前衛峰があって、それを越えた後に、一度標高5000mの内院という氷河盆地まで下り、そこからもう一度標高7661mのダウラギリⅣ峰を目指すという、とてつもなくアップダウンの大きなルートだ。

「奥地だから、うかつに動くと帰れなくなる可能性もあるし、途中は雪崩の危険や滑落の恐れが大きい場所ばかり。どういうタイミングで動くか、戦略の立て方によって成功か否かが決まるような山でした。72年に挑戦して、やはり失敗した群馬県岳連の八木原國明君も、もう一度挑戦したいと言っていたので、彼も仲間になりました。私たちは一度登った経験から知恵を出し合って、新しい計画なら登れると確信したんです」

でも、それを実行するうえで足りなかったものがふたつあったという。

「計画を成功させるには、運とお金が必要だったんです。運の強いヤツ、お金を持っているヤツ、ということで、ダンプさんに隊長をお願いしに行ったんですよ」

好輝さんは笑って、ダンプさんを選んだ驚くべき理由を教えてくれた。

確かに、これまで振り返ってみても、ダンプさんには不思議と運が回ってくる。登山用品店をやりたいと言えば、友人たちが家賃の安い店を見つけてくれ、車が必要となれば親戚が格安の値段で譲ってくれた。そうやって周りの人が助けてくれて、今や高田馬場にりっぱなお店を構えている。何より、今井通子さんと結婚できたことがこの上ない幸運だと、そのころ、山仲間の誰もが言っていたのだ。

好輝さんの誘いに関して、

「ずいぶんストレートに物事を言うヤツだなと思いました」
と、ダンプさんは笑いながら話した。
「でも、一緒に来たショウちゃん（田中祥治さん）がダンプさんの実力がどうしても必要なんですって必死におだててフォローするんです。ヒマラヤは行ったことがなかったし、隊長にしてくれるっていうから引き受けたんですよ」

こうして、ダンプさんを隊長にカモシカの名をとった同人組織が作られ、ダンプさんと好輝さん、八木原さんの、それぞれの仲間たちも合流。ダウラギリⅣ峰への遠征準備が始まった。

メンバーの中にはもちろん通子さんの姿があった。遠征隊には医師が同行することが義務づけられていたこともあり、通子さんは隊員兼医師としての参加だった。メンバーたちは、年上で、実績もある通子さんを「姉さん」と呼んでいた。

群馬で隊員の集まりがあった時、通子さんが集合場所の喫茶店に行くと、ゴツい体の男たち（隊員）がいっせいに立ち上がって、「姉さん！」と言って迎えたので、ほかのお客さんはその筋の人の集まりかとギョッとした、というエピソードもあったとか。

その後、副隊長である好輝さんの前回の遠征時の経験と分析から、綿密な計画が立てられていった。一行が挑むのは、好輝さんと八木原さんがすでに通っていて、様子がわかっているコーナボン・ルート。Ⅳ峰の南側から登ることに決まった。しかし、このルートは岩壁が露出し、アイスフォールもあって、今までの遠征隊が挑んできた3つのルートのうち、最も難しいとされていた。

さらに好輝さんが話してくれたように、ルートが長い。BC（3450m）から頂上（7661m）への直線距離は約15km、BCから頂上の標高差は4200m以上あり、さらに一度登ったミャグディ・マータから内院に下りて登り返すと、実際の高度差は5300mにもなるという。直線距離10・5km、標高差3500mのエベレストと比較してみても、大きな開きがある。

ミャグディ・マータを越えるのが大変だったため、ヘリをチャーターして、内院をBCとする案も出たが、結局は麓から徒歩で向かうことになった。そして、期間は短くても、その間安定した日が続く秋のプレモンスーン期に遠征することに決まった。

春のモンスーン期は2日晴れて1日雪に降られるといったように、秋に比べると不安定なことが多いという。これだとルートを作っても、雪に埋まって、また初めからラッセルのやり直しになってしまうため、効率が悪いのだ。

「それより、1週間続けて晴れた方が、その間に集中して進めるでしょう。だからダウラギリを狙うには秋の方がよかったですね」

また、キャンプ配置も安全で居住性のいいところを求めるか、それとも難しいところを突破するための前進基地をとるか、両方の選択肢があり、遠征隊は後者を選んだ。難しいところの真下にキャンプを出すと、居住性は悪く、危険もあるが、条件のいい時にすぐ突破できる。

「そうやって機動性を優先させ、日程を縮めることにしたんです。ダウラギリⅣ峰は時間をかけると絶対に登れない山ですから」

これが、好輝さんが言っていた戦略だ。


通子さんが隊員となったことでスポンサーも順調に集まり、1975年の夏、カモシカ同人ダウラギリⅣ登山隊は成田を出発した。

メンバーは、隊長・高橋和之、副隊長・高橋好輝、隊員兼ドクター・今井通子、登攀隊長・八木原國明、隊員・宮崎勉、佐々木徳雄、浅葉雄司、小林実、両角泰夫、小松幸

三、須田幸作、中村省、小椋成人、根岸知（以上敬称略）の14人だった。
一行はカトマンズで食料などを買い出し、ポカラからキャラバンをスタートさせた。隊員に加えてシェルパ10人、コックやキッチンボーイなどの現地スタッフが7人、ポーターが150人という大所帯だ。

出発前はシェルパが思うように集まらなかったり、途中でポーターが荷物の入ったボックスを川に流してしまうなどのアクシデントもあったが、隊は概ね順調に進んで、ポカラを出発してから14日後にBCまでたどり着いた。

ここから、いよいよダウラギリⅣ峰への登山が始まる。BCから4カ所にキャンプを作りながら前進し、まずは標高6273mの前衛峰ミャグディ・マータを目指す。

途中、C2とC3の間で頼みの綱のシェルパがダウンし、進めなくなってしまった。このままではとてもⅣ峰へ登れないと判断したダンプさんは、なんと自分の荷物に加え、そのシェルパの荷物まで背負ってC3へ上がったという。

イギリスの登山文化をくむシェルパの社会は主従関係が厳格で、当時、雇い主である遠征隊員がシェルパの荷物を背負うなど考えられないことだった。しかもダンプさんは隊長である。隊長というのは本来、BCに構えて指図をするものなのに、ダンプさんは隊員と同じように動くどころか、シェルパの荷物を背負い上げてしまったのだ。

「予定通りに荷物が上がらなければ、キャンプは先に延ばせない。待っていたら日にちはどんどん過ぎる。そんなときは今までのセオリーがどうだろうと、そんなのは関係ない。動けるヤツが動けばいいんです」

ダンプさんはそう言い切った。

C4のミャグディ・マータまで来て、ようやく目指す山を目にすることができる。行く手には、1000mも下に内院が深く窪み、そのはるか向こうに大きく、ぼってりとした山容のダウラギリⅣ峰がそびえている。話には聞いていたものの、ダンプさんは想像以上の道のりの長さに愕然とし、内心では「本当に登れるのか」という不安もよぎったという。

ミャグディ・マータから、今度は尾根の反対側の雪壁を1000m下降する。ここまでも危険なルートを登ってきたのに、また内院へ向かって下りなければならないもどかしさを隊員たちはかみしめた。しかし、それがこの山の難しさであり、ここを進まなければⅣ峰へは登れないのだ。

内院に下り立つと、さらにキャンプを延ばしながらクレバスの開く氷河を進んだ。危

ダウラギリⅣ峰のC5－C6間の水場で休憩する通子さん

登攀中、休憩するダンプさん

険なアイスフォールを抜け、当初予定したC７まで設けたが、そこはまだ標高６０００m。ここから山頂をアタックするにはまだ遠すぎる。

C５で隊員の治療をしている通子さんを除き、そのほかの隊員たちは一度C６に集まった。９月２日にBCを出発してから、ここまで、すでに40日が経過。その間、食料はギリギリまで切り詰めている。隊員たちはやせ細り、疲労も限界に近いところまでまっていた。しかし、一同はさらにキャンプを延ばすことを決意。

10月14日、５００mの雪壁にロープを12本取り付け、標高６８５０mのウェストコルまでルート工作をする。翌日、ダンプさんとヨシさんら４人でC８となる場所へ食料の荷上げに向かったが、目標地直下で時間切れとなってしまったため、途中の雪壁を掘って、そこに運び上げた食料を埋め、C７に戻る。

しかし、翌日に行ってみると、しっかり隠したはずの食料がない。近くから飛び立ったカラスを隊員が目撃したことから、カラスに盗まれたのだと、ダンプさんは悟った。私が好輝さんに聞いたところでは、カラスはとても利口で、遠征隊員が食料を持っていることを知っていて、隊を追いかけるように山まで上がってきていたのだそうだ。

アタックに備えて食べるのを切り詰めて確保した食料、それを苦労してC８直下まで上げたのにカラスに持っていかれるとは……。怒りを通り越し、失望と落胆が隊員に広がっていった。

隊員たちは憔悴しきって、このまま進めても山頂へアタックできそうにない。そんな時、ダンプさんの頭に奇策が浮かんだ。

「もう、こうなったら隊長である僕と、副隊長のヨシさん、そしてヨシさんと同じく2度目の挑戦である八木原の3人でアタックしよう」

当時の遠征隊の考えでは、隊長というのは最後まで隊に残って指令を出すのが役割。万一、事故などのアクシデントが起きた時、指示をする人がいなくなるからだ。それなのに隊員を残して、隊長と副隊長が同時にアタック隊となるなんて、これまた大きなセオリー破りだった。

好輝さんははじめ、自分は隊に残るべきとの考えだったが、ダンプさんに説得される。その時のことを好輝さんは振り返る。

「このルートは今まで、何隊も挑んで、そのたびに死者が出た。誰も口にはしなかったけれど、これ以上行ったら先頭を行く人は死ぬんじゃないかって、みんなが思っていたんじゃないでしょうか。だから、我々が行くしかなかったんです」

3人はC8から最終キャンプとなるC9（7100m）へ上がり、ついに山頂を目前にした。アタック当日の10月19日は午前4時に出発。やがて、日が昇って日差しが強くなった時、ダンプさんは自分の大失態に気づく。

「なんと、ゴーグルを忘れちゃったんですよ。テントを出た時は暗かったから気づかなかったんですね。ヒマラヤの山は紫外線が強いし、雪の照り返しもある。さらにブリザードから目を守るためにも必要だったのに……」

ダンプさんは今でも悔しそうに振り返る。

そんな中、行動を共にしていた八木原さんの調子が悪くなり、ペースが落ちてきた。しばらくして、彼はこの日の登頂をあきらめ、戻ることを決断。その時の様子を好輝さんが語る。

「下山する八木原にお前のサングラスを貸してくれ、ってダンプさんが言ったんです。八木原は下りるために自分も必要だからと必死に断っていました。ダンプさんは諦めてゴーグルなしで登ったから、このあと雪目でひどいことになるのですが、しょうがないですね。山ヤは自分で自分の身を守るのが鉄則ですから。ダンプさんは、自分は元々目が細いからゴーグルがなくても大丈夫だ、とか言っていましたよ」

その後、2人は特に困難なルンゼ（岩溝）の登攀にさしかかる。この時のことはダンプさんの著書『ダンプ、山を行く』から抜粋しよう。

ルートは雪と岩が交じった核心部のルンゼに入る。雪が柔らかく、トップがつけたステップが崩れ、疲れる。つるべ（トップを交代で登る）で数ピッチ登った岩のテラスで休憩。

羽毛服を岩に引っ掛け、破れた箇所から羽が風に舞う。手で押さえるまでもなく、放心状態で風に飛ばされていく羽を目で追う。ふわーっと、ゆっくり空中を漂う。それを見ていると、まるで催眠術にでもかかったように、気持ちよくなり意識が遠のいていく。

疲れと空腹で体が動かない。眠い。いくら休んでも体には少しの力も蘇らず、睡魔が襲う。気持ちがいい。体全体が何かに吸い込まれていくようだ。深い深い、真っ暗な淵に吸い込まれていく……。そんな中で、急に自分の置かれている状況に気づき、はっと我に返る。

ダンプさんは「このままでは自分はダメになってしまう」、そう思って好輝さんに、山頂までザイルのトップをすべて自分に任せてくれと頼んだ。ザイルのトップはミスをすれば落ちてしまう。あえて自分をそんな極限の緊張状態に追い込みたかったのだそうだ。

「もうダメだと極限まで陥った時、トップをやらせてもらうことで、気持ちのスイッチを入れ替えたんです。それによって、正気を保てたし、以後はわりとコンスタントに登ることができました」

この話を聞いた時、普通の人なら諦めてしまうような最後の最後に、ダンプさんはギアをもう一段入れ、パワーアップする強さを持った人だと思った。それができるかどうかが、山での生死を分けるポイントなのかもしれない。

ナイフリッジを登り詰め、やがて遥か高い空に向かっていた雪稜がだんだんと目の前に迫り、それが短くなって、ついにピークにたどり着いた。C9を出発してから15時間後の午後7時、真っ暗な中、ダンプさんと好輝さんはついにダウラギリⅣ峰の山頂に立ったのだ。

山頂にひざまずき、各キャンプと無線連絡をして無事登頂を報告。好輝さんはその時のダンプさんについて、こう語る。

「山頂はとても切り立ったヤセ尾根で、雪庇が発達しているんです。危ないから早く帰ろうって言ったのに、ダンプさんは隊員の名前を刻んだスノーバーを記念に打ち込むんだと言って、少しでも高いところを探して、うろうろ歩き回るんですよ。いつ雪庇を踏み抜いて奈落の底へ落ちるかと、こっちは見ていてヒヤヒヤしました」

好輝さんは帰りも苦労したという。

「満月の夜だったから、ライトもいらないぐらいに明るかったんです。でもダンプさんはひどい雪目で、目を開けられなくなってしまったから、私が後ろでザイルを引っぱって確保していたんだけど、ダンプさんはあの体重をもろにかけてズンズン下りるから、私は引っぱられて大変だったんですよ。ダンプさんが転んだら、私も谷へ引きずり込まれちゃいますからね。ダンプさんがもし右に落ちたら、私は反対側、左の谷に飛び込んで止めようって思っていました。固定ロープがあるところまで来て、ようやくホッとしましたね。あとはロープにつかまっていけばキャンプまで戻れますから」

2人の登頂成功は、隊のメンバーを喜びに湧かせた。意気消沈していたメンバーたちは嬉々としてよみがえり、翌日の20日には八木原さんを含めた6人が、22日には宮崎隊

ダウラギリⅣ峰登頂後のC7にて。C7からはかなり尖って見える

ダウラギリⅣ峰での高橋好輝さん（中央）

員をリーダーとして3人が登頂。隊員14人中、11人が登頂するという、これまでにない偉業を成し遂げた。

各所で隊員の治療を行った通子さんは常に隊から遅れ、C8まで達したものの、その後の天候悪化などで登頂を断念せざるを得なかった。これについてダンプさんはこう話す。

「医師として隊のために尽くしてくれたし、本当は登らせてあげたかったです。でも、隊長である自分が先に登ってしまったうえに、身内である通子を優先して登らせることは、ほかの隊員の手前、どうしてもできなかった。通子には申し訳なかったですね」

好輝さんは、ダウラギリⅣ峰の遠征を振り返る。

「我々が登れたのは、やっぱりあの男のおかげ。『運』ですよ。ダンプさんが隊長だったから登れたんです。でも、私は知っていますよ。ダンプさんはただ、運がいいんじゃない。努力の人なんです。姉さんと結婚できたのも、見えないところで本人が努力したからなんですよ。それは遠征中だって同じでした。隊員に指図するだけでなく、自分も同じように、いや、時にはそれ以上に働いていましたからね。正直で、約束は守るし、力があって、ここぞと言うときにほかの人にはない勇気を出す。アイツは、山が好きだって言って登っているような普通の山ヤとは、人間の大きさが違うんですよ」

好輝さんは、力強くそう言って話を締めくくった。

第7章

2人のリーダーシップ

さて、ダウラギリⅣ峰で大成功を収めたダンプさん率いるカモシカ同人だが、気になることがある。8月上旬に出発してから11月に帰るまで約3カ月。店の主が長期にわたって留守をして、その間の店の経営はどうしていたのだろうか。

「それはやっぱり大変でした。遠征に行って帰ってくるたびに、経営がガタガタになっていたんです。それでも大丈夫だったのは、留守をした僕に代わって兄貴が店を守ってくれたから。兄貴は中野の店のころから手伝ってくれていましたが、高田馬場に移るころには専務として、僕の心強いパートナーとして店を切り盛りしてくれていました」

兄の重明さんについては、中野の店の話をしてくれた小泉さんからも聞いた。

「スラリと背が高くてね。ダンプさんも大きいけれど、さらに身長が高かったな。それにちょっと面長でハンサム。性格も穏やかでやさしい人だったの。お兄さんはどちらかというと寡黙で、自分から表に出ないタイプなんだけど、いつ行っても黙々と仕事をして、ダンプさんを支えていた印象だね」

ダンプさんも、重明さんは誰からも信頼される人柄だったと言う。

「もともとスポーツマンで、運動センスに長けていたんです。僕の影響で山を始めたんだけど、岩登りもスキーも上手だったね。でも、それほどのめり込まず、僕のことを全

谷川岳の帰り、水上温泉でくつろぐ兄の重明さん（左）とダンプさん

面的にバックアップしてくれていました」

取引先からも人望が厚く、重明さんだから成立した取引もあったという。ヘリテイジを別会社として立ち上げる時も、安曇野へ移転させる時も、カモシカを松本へ新しく出店させた時も、慎重派の重明さんは必ず反対したのだそうだ。次々と新しいことを考え、行動に移そうとするダンプさんにブレーキをかけ、より深く考えるように促してきた。

「カモシカを松本に出したいって言った時は、兄貴を説得するのに5年もかかりました。もちろん、言い合いになったりするんだけど、兄貴が反対しているうちは行動に移さず、お互いに納得してから動こうというのは僕もずっと守ってきましたね。そうやって兄貴に助けてもらったから、気持ちを表したくて、ある時、社長を兄貴に譲ろうとしたんですよ。でも、それは頑なに拒んで、受け入れてくれなかった。最後までサポートに徹した、すごい人格者でしたね」

しかし、重明さんは69歳の時に亡くなってしまう。

「今までも山で大事な人を何人も亡くしてきたけれど、兄貴の時の悲しさは特別だったね。ショックのあまり、しばらく何もできなかった。そんな経験、今までになかったですから。今も夢に一番出てくるのは兄貴ですよ。それだけ兄貴の存在が大きかったってことですよね」

重明さんはダンプさんを、そしてカモシカを支えた、陰の立役者だった。

ダウラギリから帰ってからはしばらく、重明さんと一緒に経営の立て直しに集中した。いくら重明さんが支えてくれているとはいえ、店の主が長期で留守をすると、取引先からの信用が得られなくなる。というのは、当時、ダンプさんより先輩の登山家たちが何人も登山用品店を経営していたが、遠征に出かけるたびにお店がつぶれるということが珍しくなかったからだ。

「お店のことをやらなければならないのは当然だけれど、ダウラギリⅣ峰へ行って自分の力に少し自信がついて、もっと大きな山へ行きたい気持ちもあった。そのころは30代だから、体力もあったし、技術もいちばん伸びる時でしょう。本当は山へ行きたくて、山と仕事を両立させるのに、ずいぶんと葛藤がありましたよ」

しかし、仕事よりも山にのめり込んでいった先輩たちの多くは、店をつぶしてしまっている。そういう状況を見ていたダンプさんは、反面教師としていつも自分に言い聞かせていたという。

「僕は世界で通用する山ヤになりたいけれど、その前に社会的に、しっかりとした基盤を持たなければいけないって」

山の魅力は魔力にも近く、時に自分では抑えられないぐらいにのめり込んでしまうこともある。しかし、ダンプさんはいつも自分の立ち位置を見失わず、仕事と山をバランスよくやってきた。


通子さんとの結婚から2年、1973（昭和48）年にはひとり娘の美香さんを授かった。でも、2人とも仕事に打ち込む日々。ここで、家庭での様子に触れてみよう。

ダンプさんたちは、結婚してしばらく東京都の北西部にある東村山市の一軒家で生活していたが、通勤が大変だった。そのため、やがて高田馬場のカモシカスポーツが入るマンションの上階に引っ越しをする。すると、カモシカに買い物に来た山の仲間たちが当然のように、ダンプさんの新居に顔を出すようになった。そうやって、新婚当初から、常に人が出入りする家だったそうだ。

美香さんが生まれた後は、ダンプさんの両親が美香さんの世話をすることになり、ダンプさん一家は店の近くに家を借りた。その後、通子さんの実家の近くへと、立て続けに引っ越しをした。その間も家に出入りするお客さんの多さは変わらなかったという。

「家には加藤保男とか、山の仲間がいつもいて、彼らも食事をしていくから、カレーとかシチューとか、みんなで食べられるようなものばかり作っていたの。だから私はそういう料理が得意になっちゃったのよ」

通子さんはそのころを振り返って話す。加藤保男さんとは1969年に通子さんと一緒にアイガー北壁の登攀をし、その後、73年にエベレスト秋季初登頂するなど、一世を風靡《ふうび》した有名クライマーだ。

「彼らは、夜遅くまで飲んでいて、家には帰らず、ウチで雑魚寝をするのね。朝、私が仕事に出かける時はまだ寝ているんだけど、夜に帰ってくるとキッチンも居間も、家中がきれいに掃除されているのよ。あの人たちは力があるじゃない。だから、イスもテーブルも全部動かして、きっちり掃除してくれて助かったわね」

山の仲間たちは美香さんの面倒もみてくれたそうだ。

「仕事で忙しかった私よりも、加藤保男の方が子どもと過ごす時間が長かったかもしれない（笑）。美香をまるで自分の子どものようにして、ガールフレンドと3人で遊園地へ連れて行ってくれたりね。だから、ウチは家族単位ではなくて、山の仲間をひっくるめた大勢の家族だったっていう感じなのよ」

　でも、通子さんは小さい時から家族の時間を大切にする家庭で育ってきた。その環境とはだいぶ違ったのでは？と聞くと
「子どものころは家族と一緒だったから、結婚してからは自由な方がいいかなと思って（笑）。でも、結婚したばかりのころはそうじゃなかったのよ。毎日仕事から早く帰って、夕食を作ってダンプさんの帰りを待っていたの。でも、ある日、ダンプさんがお前も自分のペースで生活していいって言ったんですよ」

　ダンプさんは仕事や付き合いで、時には家に帰らない日もあったそうだ。

「私もそれからは研究で帰りが深夜になったり、仲間と泊まりがけで山へ行ったりしても、あまり気にしないようにしたの。でも、子どもが小さかったころは、自然体験もさせたかったら、家族3人で出かけたりもしましたよ」

　通子さんが話すと、それにダンプさんが続ける。

「僕は子どものころ、複雑な家庭環境で育ったから、大勢の子どもと一緒に家族で過ごすことに憧れていましたね。でも、山登りをするうちに、そういう思いも消えていた。でも、通子は通子なりに精一杯、僕も僕なりに精一杯。ダウラギリⅣ峰から帰ってからは、遠

征も、まったく別に行く方が多かったし。僕は彼女に食事を作ってくれとか、家事をするように言ったことはないと思う。もっとも彼女が作る味噌汁より、僕が自分で作った方が好きだったから」

ダンプさんが冗談を言うと通子さんが、こんなエピソードを話してくれた。

「結婚してすぐのころ、今夜はステーキにしようっていうことになって、一緒にお肉を買いに行ったことがあったの。そしたらダンプさんが1kgぐらいの大きな肉を買って、帰ってきてから、俺はここまで、とか言って700gぐらいを自分の分だって切り分けるのね。それで残りはお前のだって言われたけど、残りっていってもまだ300gもあるのよ。私がそんなに食べられるわけがないじゃない？」

その時点で、通子さんは「この人に食事を作るのは無理だわ」と思ったそうだ。

結婚してしばらくしてから、ダンプさんが名言を口にした。

「若いうちはお互いに好きなことをやればいい。でも、年を取ったらこたつに座って一緒にみかんを食べながら、お互いに歩いて来た人生を語り合おう」

通子さんは、それもいいわねと思ったという。

「でも笑っちゃうのがね、そこにウチの医局員もいて話を聞いていたんだけど、先生、年を取るとみんな忘れちゃいますから、今のうちからメモを残した方がいいですよって真顔でアドバイスをくれたの。医者ってまじめでしょう?」

夫婦でありながら、お互いを縛ることはせず、それぞれが考える人生を歩む2人。通子さんは1979(昭和54)年、カモシカ同人隊の隊長として、ダウラギリⅡ、Ⅲ、Ⅴ峰の縦走を成功させた。その間、ダンプさんはカモシカの経営に打ち込みながら、ある大きな遠征の計画を練っていた。それがエベレストの冬季登頂計画である。

世界最高峰のエベレスト(8848m)の頂きに人類が初めて足跡を残したのは1953年。イギリス隊のエドモンド・ヒラリーとテンジン・ノルゲイによって成し遂げられた。

冬季に初登攀をしたのは、ダンプさんの家によく遊びに来ていた加藤保男さんで、1982年のことだった(ネパール政府公認の記録)。ヒラリー、テンジンの初登頂から約30年。それだけ気象条件の厳しい冬のエベレストに登るのが難しいことを表している。しかし、加藤さんは単独で山頂に立った後、下山中に消息を絶ち、帰らぬ人となった。

ダンプさんの隊がネパール側からのエベレスト登頂の計画を立てていたころ、通子さんも同じように、反対側の中国側から冬季のエベレスト（中国名チョモランマ）に挑むことを考えていた。計画を進めていくうちに、ネパール側をスタートするダンプ隊は山頂を越えて中国側へ、中国側をスタートする通子隊は山頂を越えて逆にネパール側へ、交差縦走をしたらおもしろいのではないかとダンプさんが思いつく。

しかし、ネパール、中国両政府と交渉したものの、いくら８０００ｍの山の上でも、国境を越えて他国へ行ったり入国したりすることは許されなかった。

そこで思い立ったのが、両隊が同じ日にアタックして、山頂で合流するというもの。ダンプさんらしいロマンチックな発想だ。夫婦が世界一の山頂で出会う前代未聞の計画は、「エベレスト・ランデヴー」とか「夫婦ダブル・アタック」と言われて、マスコミでも大きな注目を集めた。さらに驚くことに、ダンプさんはエベレストに登る前に、隣に位置する８０００峰、ローツェ（８５１６ｍ）にも登ろうと考えた。

当時、日本人はまだ誰もローツェに登っていなかったことからわかるように、決して簡単なことではない。しかし、ダンプさんはローツェとエベレストは、同じＢＣが使え、さらにＣ４まで両山はルートが同じであることに注目。ぶっつけ本番でエベレストのルートを歩くよりは、Ｃ４までもローツェに登りながら下見をすれば有利だし、何より、ローツェのルートからはエベレストがよく見える。毎日、エベレストを見ていれば、隊員たちの恐怖心も和らぐと考えたのだ。

もうひとつ、ローツェを登ることを決めた最大の理由が高度順応ができること。直前にローツェに登れば、何よりの順応となり、より短期間でエベレストに登ることが可能になるからだ。

隊員たちの多くは、エベレストに登るだけでも難しいのに、そんなことが実現するはずがないと大反対だったそうだ。しかし、ダンプさんは自分のアイデアに自信があり、何を言われても考えを変えなかったという。やがて隊員たちはこの計画に賛同したり、渋々説得に応じたりして、5年にわたる準備が始まった。

しかし、「エベレスト・ランデヴー」と呼ばれたこの計画、実はみんなが思うほどロマンチックなものではなかったらしい。ダンプさんが通子さんと隊を分けてエベレストに挑むことになった経緯について、著書の『ダンプさんのエベレスト日記』（１９８５）にこんなことを書いている。

私と通子がいっしょに遠征に行くことを避けなければならない理由があった。それは私たちの子どものために、2人の危険負担を少なくしなければならないことだ。夫婦で同一行動をとれば、両方ともアクシデントに見舞われる確率が高いからだ。そして、結婚した年のヨーロッパアルプスのグランド・ジョラス、75年のダウラギリⅣ峰で、ともに行動した中での彼女に対する気持ち、身内のハンディというものを痛切に感じていたからである。

たとえば彼女の行動が目につくと、思い遣りや心配が、いつの間にかいら立ちに変わるというデメリットがある。他人であるならば、自分の中にしまっておき、そして冷静な判断ができるものが、妻であるということから、とかくおせっかいになり、そしてストレスになる。だから私は時々、こんな冗談を言う。「女房と山へ行くと、俺別れるようなことになるから、これからはいっしょに行かないよ」。冗談ではなく、事実そうなる可能性は充分にある。

また、私たち二人が、たいしたこともない夫婦げんかをしても、まわりの人たちにはかなりのショックを与えることになる。よく私たちを理解している人でも、だ。

ダンプ隊長と通子隊長、この2人のことを長くそばで見てきて、よく知る人がいる。83年に通子隊長の元で隊員として冬季チョモランマ北壁の遠征に加わった近藤謙司さんである。近藤さんは現在、国際山岳ガイドとして第一線で活躍。エベレスト、チョ・オユー、マナスル、デナリ、ビンソンマシフ、マッターホルンなど、世界の名だたる山へお客さんを導き、多くの人の夢を実現させてきた。

私は、近藤さんに、ダンプさん、通子さん同席のうえで、2人のリーダーシップについて聞いてみた。

「いやぁ、2人の前では言いづらいけどさ、ダンプさんと通子先生は考え方がまったく違うんだよね。ダンプさんはよく自分のことをいい加減だって言うんだけど、実は全然そんなことなくて、とっても堅実で無茶な冒険を絶対にしない人。一方、通子先生は大冒険をする人。だからさ、2人の考えが合わないのは当然。意見がぶつかって、いつもケンカになるわけ。困るのは俺たち、下っ端だよね（笑）」

ダンプさんはハハハと大きく笑う。

「俺も通子もリーダーシップがあるわけ。登りたいところは同じでも、アプローチの仕方、現場での判断の仕方は全然違う。それは、どっちが正しいとか、間違っているとかではなく、考え方が違うからしょうがない。だから遠征をするなら、隊は別々にするって決めていたんだ」

「だって、ダンプさんのリーダーシップは、わがままいっぱいなんだもん（笑）」

通子さんが答えて、近藤さんが続ける。

「ダンプさんは、隊の組織もしっかりしていたよね。土台がちゃんとあって、誰がどこで動くかという、それぞれの役割がしっかりしている。こういう時はこの人が行くとか、こうなったらこの人を動かそうとか、ダンプさんの頭の中にプランされているんだと思う。それに比べて通子先生は、俺みたいな何の経歴もなかった若蔵も隊に入れちゃうんだからな。そのころ、ダンプさんにはどこの馬の骨かわからないようなヤツって言われてたけど、事実、俺はそんな感じだったし」

「そんなひどいこと言ってないよ」

ダンプさんがまた大声で笑った。

「でも、近藤が言うように、僕は自分の弱点を知っている。だから、それを補ってくれるようなブレーンを周りに置いたね。副隊長は誰がいいかとか、誰を登攀隊長にするかを考えて、隊に核をつくっていくんですよ。例えば、エベレストの時の宮崎勉副隊長とか、山田昇登攀隊長とか。あとは登れる実力を持っている人。そして、将来伸びそうな若手を半分入れ、次のために育てていく。隊を編成するときは、そんなことを考えていたね」

「ダンプさんは頭の中で組み立てているんですよ。そういうところがすごいよね」

そこで、近藤さんがいたずらっ子っぽい視線をダンプさんに向けた。

「ところで、話は変わるけど、ダンプさんに白状したいことがあって……」

ダンプさんと通子さんは箱根に別荘を持っていて、近藤さんがよくそこへ遊びに行っていたころのことだという。

「部屋の中にウイスキーがたくさん飾ってあって、その奥にロイヤルサルートっていう、とっても高いウイスキーが何本も置いてあったの。もう20年以上昔の話だけれど、それをいかにダンプさんにバレずに飲むかっていうのが僕の楽しみだったんだよね」

ダンプさんは驚きの表情を浮かべた。

「なんか少ないと思ったら、近藤が飲んでいたのか。あのころ加藤保男と競って、ウイスキーとかブランデーのいいものを何十本も集めていたんだ。でも、置くところに困って、箱根の別荘に移したんだよな」

「ウイスキーは高さ3mぐらいのところにある棚に置いてあって、普通はハシゴがないと取れないんだけど、僕は岩登りで鍛えているからそんなの平気じゃん? 窓枠とかを使って壁をよじ登って、ウイスキーをゲットしたんだよね。あんなにたくさん集めているけど、ダンプさんは飲みきれないから、みんなで飲んじゃおうよ、絶対バレないよって言うんだけど、当然、みんなビビるじゃない? 俺はみんなを共犯者にしたいから、飲めよって無理矢理飲ませたんだよね」

当時、ロイヤルサルートの瓶を持ち上げると、経堂のダンプさんの家でブザーが鳴ると言われていたそうだ。

「だから、ドキドキしながら飲んだけど、おいしかったなあ。ダンプさん、あれ、まだ飲んでいないでしょう?」

「もうとっくに飲んだよ。いや、まだ残っているかもしれないいな」

そんな雑談の後、近藤さんはふっと笑顔を消してまじめな顔になった。

「だけど…。ダンプさんの遠征がすばらしいのは、当時は日本から遠征に行くと、何かしらのアクシデントがあったのね。誰かが亡くなったり、ひどい凍傷で手足の指を失ったりとか、大けがをしたり。そんな大きな犠牲のもとに成り立つような遠征ばっかりだった。でも、ダンプさんの遠征はすべてが成功していて、すべての遠征で全員が無事に帰国した。それはすごいことだったんだよ。周りの人はダンプは運がいいからっておもしろおかしく言うんだけど、絶対にそんなことはない。そうやって、成功させるだけの力がダンプさんにはあるんだと思うね」

カモシカ同人の冬季エベレスト遠征の様子は、先に紹介した『ダンプさんのエベレスト日記』や道子さんの著者『魔頂チョモランマ』（1986）に詳細が書かれているので、ぜひ読んでもらいたい。ここでは、遠征の結果だけを簡単にまとめておこう。

1983年7月末、ネパール側から登るダンプ隊は、中国側の通子隊より3カ月早く日本を出発。2カ月半後の10月中旬にダンプさんを含む隊員とシェルパ、合わせて9人がローツェに登頂した。日本人初のローツェ登頂記録だ。

ダンプ隊は一度、宮原巍《たかし》さんが創設したエベレストビューホテルで休養を取り、11月中旬にエベレスト登頂を目指して再びBC入り。12月1日にC1、3日にC2、13日には最終キャンプとなるC4を設営。ローツェに登った効果で高度順応が完璧にできていたこともあって、驚異のスピードで前進していく。

ローツェ、冬季エベレスト登頂後のBCにて。ダンプさんは左から5人目

しかし、中国隊の通子隊は天候に恵まれなかったこともあって、難航していた。高所にいるダンプ隊はこれ以上隊員を待たせることができず、2隊の同時登頂は諦めることになった。12月16日、ダンプ隊の山田昇隊員など4名が登頂成功。

通子隊はダンプ隊の登頂から1カ月後の翌84年1月16日まで登攀を継続したが、ついに8100mまでしか行けず、登頂を断念することになった。

ダンプさんはこの冬季エベレスト登山を最後に、大規模なキャラバンを必要とする登山からは身を引き、以後は少人数で登るアルパインスタイルに変えていく。1985年に、パミール高原のコルジェネフスカヤ（7105m）、コミュニズム（7495m）、レーニン峰（7134m）に登り、日本人初の三座連続登頂に成功。

そしてこの後、ダンプさんは山の新しい楽しみと出会う。

第8章

空飛ぶダンプさん

ダンプさんが次々と世界の高峰に登っていたころ、パラグライダーが山ヤたちの間で話題になり始めていた。

ジャン・マルク・ボアバンをはじめ、ヨーロッパのトップアルピニストたちは当時、岩壁のスピード登攀（1日にいくつの壁を登れるか）に挑戦していて、登攀後に山頂から次の壁へ移動するためにハンググライダーや、当時まだ出始めだったパラグライダーを利用。そんなニュースとともにパラグライダーの存在が日本でも知られるようになっていたのだ。

ダンプさんも以前から知り合いだったボアバンに会うたび、パラグライダーのすばらしさを話に聞くようになっていた。

「ミスター高橋もパラグライダーでヒマラヤを飛ぶべきだ。練習すれば、必ず飛べるようになるから」

そんなふうに、直接勧められたという。

「誰でも鳥のように空を飛べたらと夢見ることがあると思いますが、僕も憧れは以前からあったんです。パラグライダーの第一人者であったボアバンから勧められた影響は大きかったですね。ボアバンはヒマラヤでの飛行に挑戦しようとしていたのですが、なかなか機会に恵まれなくて、僕に思いを託したのかもしれません」

ダンプさんはこうしてパラグライダーと出会った。

空を飛ぶ道具は、それ以前にもハンググライダーがあったが、フレームが５ｍ近い長さだし、重さも20～30kgあって、とてもヒマラヤの山へ持っていくのは無理だった。それに比べて、パラグライダーは５～６kgと軽量で、たためばザックにも収納できてしまう。「これならば、ヒマラヤでも使える」と、ダンプさんの新しい挑戦が膨らんでいった。

ちなみに、パラグライダーは英語での造語で、フランス語だと「パラパント」という。フランス人のアルピニストたちが、スカイダイビングのパラシュートを利用して山から飛べないかと考え、フランスのアヌシースキー場で改良を重ねていた。「パラ」はパラシュート、「パント」はフランス語で「斜面」という意味。彼らが名付けたそうだ。

ダンプさんがボアバンからパラグライダーを勧められたのが１９８６（昭和61）年の秋。それからしばらくしてヒマラヤの山から飛ぶことを目標にパラグライダーの猛特訓を始める。

初めて体験したのは87年１月の箱根。とても風の強い日で、思うように操れない。野原を1日中駆け回ったものの、結局、地面から離陸することもできなかったという。

二度目は戸隠で、高度差200mもある場所からいきなりのフライトだった。しかし、飛び出してみると、どんどん高く舞い上がり、足元にスキーヤーが見えていたのが、あっという間にスキー場全体が視界に入る高さにまでなった。パラグライダーは左右にコードがついていて、それを引くことで向きを変えたり、高度を落としたりのコントロールをする。見よう見まねで左右交互にコードを引きながら、スキー場のリフトやワイヤーを避け、木を避けて、なんとか無事にランディングした。わずか数分のフライトだったが、人生が変わった瞬間のように感じたそうだ。

ダンプさんと同時期にフライトのライセンスを取り、その後、海外でのフライトにもよく同行したのが早川晃生《あきお》さんだ。早川さんは大学で山岳部に入部した時、最初に登山靴を作ったのがカモシカのオリジナル製で、ダンプさんとはそれ以来の付き合いなのだそう。早川さんも近藤謙司さん同様、通子さんのチョモランマ遠征隊の隊員でもあった。

「ダンプさんはそのころ、パラグライダーにはまっていて、ずいぶん熱心だったし、長く続けていましたね」

登山家だけでなく、パラグライダーの先駆者としての顔も持つことになったダンプさんは、カモシカ・パラパントクラブを主催。早川さんもインストラクターとしてそこに加わり、ダンプさんを手伝った。ダンプさんはゲレンデから飛び立つのではなくて、山頂から飛ぶフライトスタイルをメインにやっていたそうだ。いわゆる「山飛び」と呼ばれるフライトだ。

「最初はダンプさんと一緒に僕も木島平で行われた講習会に行ったんですけど、ブームの走りだったので50人ぐらい来ていたんです。でも、そこに集まった受講者は、山ヤか元々ハンググライダーをやっていた人の2種類しかいなかったです」

それだけパラグライダーが、山ヤに人気だったことがわかる。

「当時でも機体は20～30万円して、高価だったんですが、みんなローンで買ってのめり込んだんです。でも、パラグライダーは難しいんですよ。言ってみれば、山は二次元の世界ですが、パラグライダーは完全に三次元の空間なので、コントロールするのが大変なんです」

ダンプさんがパラグライダーにはまっていったちょうどそのころ、1987年に通子さんが隊長となって、ヒマラヤのチョ・オユー（8201m）への登山隊を結成、準備が進められていた。ダンプさんはその隊に一隊員として加えてもらって、チョ・オユーからパラグライダーで飛ぶことを決意する。

以来、天気のいい日は毎日のように練習を続け、基本であり、もっとも重要なテイクオフとランニングを集中的にトレーニング。そして、始めてからわずか4カ月後の4月末には、涸沢をベースにして穂高の山々からのフライトを繰り返し、山での特訓を重ねた。チョ・オユーでの飛行を想定しての訓練だ。

穂高は岩壁の山なので、山頂から飛び出すと、足元はすぐに数百メートルの断崖絶壁となる。したがって、テイクオフの失敗は、そのまま死を意味する。しかし、テイクオフにためらいは禁物で、数十メートル先が絶壁となっているところへ、全力で走り込まなければならない。これにはすさまじい勇気が必要だ。

さらに、カール地形の涸沢は、独特な地形もあって上昇気流と下降気流が複雑に入り交じり、ランディングするのに高度なテクニックが必要となる。時には失敗して、雪面に叩きつけられたりもしたという。そんな中でもダンプさんは、気流の安定しない場所でしっかりとコントロールできるフライト術を身につけていった。

また、五竜岳では強風時に対応できるように、わざとキャノピー（風を受けて膨らむ部分）をつぶしてから立て直す練習や、緊急着陸のためにスパイラル（旋回）の訓練を繰り返した。

持ち前のセンスもあって、ダンプさんのチョ・オユーに向けてのトレーニングは順調に進んでいたが、出発直前にとんでもないアクシデントが起こる。

7月、宮城県の鬼首《おにこうべ》スキー場でのフライトで左足首を骨折してしまったのだ。それはチョ・オユーへの出発をわずか2カ月後に控えたタイミングだった。

「その時、僕はパラグライダーの検定員をやっていて、初めにデモンストレーションをしてみんなに検定項目の手本を見せなければなりませんでした」

検定を受ける人たちにいい条件で飛んでほしかったダンプさんは、飛べるか飛べないかという悪条件の時に飛び出した。

「想像以上に風が悪くて、途中で下りることにしたんだけど、降りた場所が急斜面で、ちょうど木の根っこが出ているところに左足が入っちゃった。体は勢いで前に持っていかれて、足だけ残ったので左の足首を骨折してしまいました」

受験者たちは、東京など遠いところからもわざわざ受けに来ていたので、「検定員がやめるわけにいかない」と思うのがダンプさんだ。

「みんなには大丈夫だと言って、痛む足を引きずりながらもう一度斜面を上がり、検定の課題で必要になる技術的なことを全部やって見せました。でも左足は全く使えないから、右足だけで着地したんですよ。そのあと1人1人飛ぶのを審査して、検定をなんとか終えたんですが、とにかく痛かったですね」

　検定終了後は、宮城県から東京の自宅まで、骨折した足で1人で車を運転して帰ったそうだ。

「その時はアウディのクーペというレーシングタイプの車に乗っていたんですが、ギアがマニュアルなんですよ。しかも、クラッチがものすごく重い車で。ダンボールを副木代わりに添えて、ガムテープで足を固定していましたが、クラッチペダルを踏むたびに激痛が走って、脂汗をかきながら、やっとの思いで帰宅しました。パラグライダーをやる以上は、車はオートマチックでないとダメだと思いましたね（笑）」

　翌日、病院へ行ってみると、やはり骨折していて、そのまま入院となった。しかし、病院に無理を言って1週間で退院し、自分でギブスを外してしまった。白馬でのフライト練習に出かけようとしたのだ。これには医師である通子さんが激怒。

「何を考えているの！　何があっても知らないから」

　ひどく叱られ、さすがに練習はしばらく休んだという。

骨折の足もまだ完治しない1987年8月中旬、ダンプさんと通子隊長たちのチョ・オユー登山隊は日本を出発。9月初旬に標高約5700mのBCに入る。その後、約2週間かけてC3まで隊を延ばし、9月20日に早川晃生隊員と近藤謙司隊員の2名がチョ・オユーに登頂。翌21日、ダンプさんは他の隊員2名、シェルパ1名とともに山頂に立った。

前日に山頂に立った早川さんの説明。

「チョ・オユーの頂上って、8000mを越える高峰とは思えないぐらい、とっても広いんですよ。山頂というよりは雪原という感じ。一見、パラグライダーに向いているようですが、そんなことはないんです。どこまでが地面で、どこまでが空中に張り出した雪庇かわからない雪原。トレース（踏み跡）がなくて、フカフカの雪だから足を取られる。そもそも8000mなので空気が薄く、走るなんてこともできないし。そこでテイクオフするのは相当、難しかったと思います」

ダンプさんもその時のことを振り返って同じことを言った。

「あの時は頂上で30分以上格闘しましたよ。まずは、この広い雪面でどう飛び立とうかと考えましたね」

正確な地図もなく、山頂部の地形がどうなっているかよくわからなかった状況で、どうやら、自分たちが登ったのと反対側の西側に岩壁があるらしいということはわかっていたという。

「そちらに飛ぶしかないと考えました。実際にその方向を見ると雪面が切れ込んでいたので、これならテイクオフできるだろうと」

でも、山頂の風は強く、キャノピーがあおられる。

「膝ぐらいの雪のラッセルなので飛び出そうと前に歩くと、すぐに足が取られて転んでしまうですよ。転んでキャノピーがつぶれると、何本もあるライン（キャノピーとライダーを繋ぐコード）が絡まり、それを整えるのに時間がかかる。そんなことを3回ぐらい繰り返しました。酸素の薄いところで思うようにいかなくて、焦りがだんだんといら立ちに変わり、条件の悪いなか、サポートしてくれていた仲間を怒鳴ったりしましたね」

1時間ほどそんなことをやっていて、ついに飛べるチャンスが来た。

「目をつぶって精神統一をし、一気にテイクオフしたんです。キャノピーも風をうまく受けて、これなら行けると思いました。でも、雪面の末端まで行って宙にダイブし、足が離れた瞬間、私の体重でキャノピーがグンと沈んだんです。あれはヒヤリとしました。8000mだと気圧が低くて揚力が少ないからで、その後はうまく立て直しました。山頂でそれを見ていた仲間は、僕が雪面の向こうで急に消えたから、岩壁から落ちたと思ったみたいですよ（笑）」

ダンプさんはチョ・オユーの山頂をゆっくりと離れて、ヒマラヤの空を飛んだ。振り返るとさっき飛び立ったチョ・オユーの西壁が、あまりの険しさに雪も寄せ付けずにそびえていたという。足元には雲海。その中に頂を突き出す山々。向こうにはチベット高原まで見渡せる。

当時のパラグライダー滑空、世界最高所記録を樹立した瞬間だった。練習を始めてから半年あまりで8000mから飛ぶとは、誰も想像していなかっただろう。ダンプさんにヒマラヤで飛ぶことを勧めたボアバンも驚いたに違いない。

「飛んでいる時は宇宙から地球に舞い降りて来たような感覚に浸っていました」

ランディングポイントとなるBCよりかなり下のアイスフォール上に、目印になるようにと新聞記者がブルーシートを広げて待っていた。しかし、空を飛ぶダンプさんにはそのあたりが雲海で隠れて見えなかった。

「だから雲が切れるまで、しばらくネパールの国境あたりまで飛んで、また戻って来たりして様子をうかがっていました。しばらくするとラッキーなことに雲が割れたんです。チョ・アウイ（７３５４ｍ）が自分よりはるか下にありました」

チョ・オユーの雪面には自分たちで付けたトレースがよく見えた。それを目でたどっていくと、第３次隊として山頂へ向かっている通子さんの姿が見えたという。ちょうど最終キャンプへ向かって歩いていた時だった。

「通子をちょっとからかおうと思って、その真上まで行って、旋回したときに初めて気づいたんですよ。それまで、自分ではとてもゆっくり飛んでいると思っていたのに、実はものすごいスピードで滑空していたんです。旋回をしたら、強いバンクがかかって驚きました。フラットにゆっくり回るはずが、すごい振られながらぐるぐると旋回してしまったんです」

ヒマラヤの強風に耐えられるように、パラグライダーのサイズを小さくしていたため、山から吹き下ろす風、そして気圧の低さが重なって急降下したのだそうだ。それでも、日本の山で特訓をした甲斐があって、目印のブルーシートの真上に、ダンプさんは無事

チョ・オユーの山頂
からヒマラヤの空を
飛ぶダンプさん

に着地。ＢＣに戻った。

その時の様子を早川さんはこう語る。

「ふわ〜、ふわ〜っと飛んでいて気持ちよさそうでした。でも、あとから計算すると、頂上から飛んでＢＣの下に着地するまで十数分しかかかっていないんですよ。ということは、１秒間に７〜８ｍ下っています。それはパラグライダーでは異常なスピード。ダンプさんは８２００ｍからいきなり５６００ｍまで下ってしまったから、気圧の変化に体が追いつかなかったみたいで、その後２、３日寝込んでいましたね」

それまで何日もかけて７０００ｍ、８０００ｍに順応するように体作りをしていたのに、いきなり気圧の高いところへ下りてしまったため、体に影響があったのだという。

「あの時は遠征隊の全員がチョ・オユーに登頂できたし、しかも僕と通子、小林を除く隊員は無酸素登頂（酸素ボンベを使わないで高峰に登頂すること）だった。遠征は大成功。隊員たちがＢＣに戻って、みんなはおいしい物を食べてお祝いしているのに、僕はあまりに体調が悪くて何にも食べられなかったんですよ。あれがいまだに残念だな」

早川さんはその話に笑って、「でも」と続ける。

「チョ・オユーもすごかったけど、僕はアイガーから飛んだ時の方がもっとドキドキしましたね。あの時は本当にダンプさんは死ぬんじゃないかと思いました」

チョ・オユーから飛んだ翌年の１９８８年、ダンプさんはアイガーからフライトをしている。その時も早川さんは一緒だったそうだ。

「いやー、あれはすごかった。僕はサポートで、アイガーの山頂から飛ぼうとしているダンプさんのキャノピーを押さえていたんですけど、風が猛烈に吹いて、離陸しようとしても、ダンプさんはなかなか前に進めないんですよ。後ろに持っていかれたら、キャノピーがつぶされて落ちてしまうから、前にジワジワ、ジワジワ進んで行くんだけど、あのテクニックがすばらしかったですね」

ダンプさんはその時のことを思い出したのか、まるで今、パラグライダーのコードを両手に握っているかのように、生き生きし始めた。

「アイガーって、北壁も西壁もそうなんですけど、下から上昇気流が勢いよく昇ってくるので、パラグライダーを開くと、押し戻されてなかなか前に出られないんですよ。そんななか、後ろに押されながらも何とか離陸できた。あと数メートル戻されていたら、今度は南壁側の下降気流に入ってしまう。そこは風が渦を巻いているから危なかったね」

「僕の感覚では、とても飛べるような状況ではなかったんですけどね。それでも僕は言われたように必死にキャノピーを押さえていました。そうしたら、いきなりダンプさんが『行くぞ！』って言うから、僕は『えー！　本当に行くんですか』ってすごい勢いで叫びましたよ」

　何とか離陸したものの、その後もアクシデントは続く。アイガーからのフライトは日本のテレビ局で放送されることになっていて、ダンプさんを映像に収めようとカメラマンを乗せたヘリが近くを飛んでいたのだ。

　勇姿を正面から撮影したかったのか、そのヘリが突然、ダンプさんが飛んでいる前を横切ってしまった。「あれは恐ろしかった」と、さすがのダンプさんも言う。

「ヘリがミスをして、僕の前を飛んだんです。そうするとローターの風圧で乱気流ができ、パラグライダーは避けようがないんですよ。案の定、キャノピーがくしゃくしゃにつぶれて落下してしまった。それでも、高度２０００ｍぐらいあったから、落ち着いて立て直して、事なきを得ましたけどね」

近くで見ていた方がたまらないと、早川さんが首を振る。その時は通子さんと一緒に見ていたそうで、「本当にダメだと思いましたから」とつぶやく。あんなにハラハラさせられたことはなかったそうだ。

「あの時、一緒だったドイツ人のヘリパイロット（ダンプさんのサポートをした人で、乱気流を起こしたパイロットとは別人）も、お前はクレイジーだって言っていたよな」

ダンプさんがそう言うと、早川さんが思いだしたとばかりに聞いた。

「そういえば、あのパイロットの奥さん、メルセデスさんのこと覚えています？」

「もちろん覚えているよ、すごくチャーミングだったから。ブリジット・バルドーをもっと美人にしたような感じだったよね」

早川さんは大きくうなずく。

「あの時、フライトが成功したので、仲間を集めてレストランで打ち上げをしたんです。そこにドイツ人パイロットと、その奥さんのメルセデスさんも来ていて。ダンプさんは英語がそれほど得意ではないんだけど、人とコミュニケーションを取るのがとっても上手でしょ。言葉は単語でも、身振り手振りで通じちゃうのね。そんな会話の中で『へえ、奥さん、メルセデスって言うの？　わあ、俺は日本ではいつもメルセデス（ベンツ）に乗っているんだよ』って片言の英語だし、大きな声で言うから、みんなで大笑いしましたよね。奥さんは顔を赤くして困っていたけど、あれはおもしろかった。なんてことを言う人だと思って。僕の中ではアイガーと並ぶ伝説になっています」

「おい、早川、お前は変なこと覚えているなぁ」

　ダンプさんは照れ隠しに笑った。

　ダンプさんはアイガーを飛んだ年に、モンブランからも滑空している。その時のメンバーが豪華だった。プロフィ、エスコフェ、デメゾンと、そのころの有名アルピニストと一緒に飛べるチャンスを得て夢のようだったという。デメゾンはかつて、デメゾンモデルのジャケットを売ったダンプさんを訪ねて、中野のお店まで来てくれた人だ。

「その時もやっぱり風が悪くてシャモニ側には飛べなかった。それならばイタリア側へ行こうっていうことになったんです。パスポートを持ってきてよかったと思いましたね」

　ダンプさんは、モンブランからイタリア側へ歩いて下りたことはあったが、谷がどう

1988年、デメゾン（左）とともにモンブランからイタリア側へフライト。右はガイドのアンセレボ氏

なっているかや、パラグライダーで飛ぶのに必要となる地形までは頭に入っていなかった。そのため、メンバーの中ではラストに飛ぶことになっていたのだが、プロフィもエスコフェもデメゾンも、全員、離陸する前に失敗してしまう。

「みんなが再テイクオフの準備をしている間に、お前がトップを行けっていうことになって、いきなり飛ぶことになって焦りました。谷の形を目標にして飛ぶのですが、空から見ると意外に地形がわかりづらくて、どこに下りればいいかわからなくて苦労しました」

それでも、ダンプさんはじめ全員が無事に着陸したという。

「急にイタリア側へ下りてしまったから、迎えの車が着くまで待っていなきゃならなかったのですが、その間にロッヂにあるワインを全部、そのメンバーで飲みきっちゃった。それもいい思い出ですね」

ダンプさんらしい豪快なエピソードだ。

その後、ダンプさんは89年にアフリカ大陸のキリマンジャロ、91年に南極大陸のビンソンマシフなど、世界の高峰に登っては、そこからパラグライダーで飛んだ。

サポートをしていた早川さんも、キリマンジャロではダンプさんと一緒に滑空をしたそうだ。

「キリマンジャロを一緒に飛んでみて、ダンプさんのすごさが改めてわかりました」

早川さんは飛び立った瞬間に、ダンプさんに指示されていたのとは違う方向へ行ってしまって、目的の場所とはだいぶ離れたところに着地。そこから1時間以上も歩いて、ダンプさんが待っているところへ帰ったそうだ。

「気流をつかんで、パラグライダーをイメージ通りにコントロールするのは本当に難しいんですよ。それに、世界の山は標高が高いから、テイクオフした瞬間にものすごい高度感があるんです。数千メートルという空間に放り出されるわけですから。キリマンジャロでもそうだから、チョ・オユーはもっと高度感があったと思います。当時は今ほど機体の性能もよくなかったのに、ダンプさんは本当によく飛びましたよね」

とてもとてもかなわない。そんな表情を浮かべて、振り返った。

第9章

大親友のレスキューにかけた夢

ヨーロッパの大岩壁を登り、ヒマラヤの高峰に挑み、そして世界の山々からパラグライダーで空を飛んだダンプさん。ワンシーズンに8000m峰の3座登頂など実現しなかった夢もいくつかはあるが、自分の山登りに関して心残りは何もないと言う。

でも、とダンプさんは静かに言った。

「山をやっていて、唯一嫌なことは、自分より若い友人を何人も山で亡くしたことです。多くの友人を亡くしたことは、ある意味で登山の特殊なところですね。だって他のスポーツでも、スポーツでなくても、自分の楽しみや趣味でやっていることで命を落とすってないでしょう」

仲間との別れでも特に忘れられないのは、グランド・ジョラス北壁にもダウラギリⅣ峰にも一緒に行った仲間、両角泰夫さんのことだ。両角さんは1978（昭和53）年正月、友人2人とともに穂高岳の登攀中、雪崩に遭って亡くなった。

「最初、僕が開催した岩登り教室に来てくれたんです。彼は大学1年だったのですが、岩登りのセンスがあるうえ、気立てもよかったので、すぐに僕が主宰していた山岳会『赤いリス』に引き込んだんですよ」

両角さんの岩登りはどんどん上達して、ダンプさんと一緒に、谷川岳や北岳バットレスへも行くようになった。ダンプさんがジョラスの北壁登攀に誘ったところ、長野県の諏訪に住んでいる両親は「大学生なのにそんなところへ行くなんて」と大反対。ダンプさんは両角さんと一緒に彼の実家へ説得に行き、山のすばらしさや両角さんの山ヤとしての将来性などを話し続けた。

「高橋さんを信用し、泰夫を預けます」

両角さんの両親は納得し、そう言ってくれたそうだ。ダンプさんは海外遠征の後も、両角さんを弟のようにかわいがり、ともに岩を登り、街ではお酒を一緒に飲んでいたという。

両角さん遭難の第一報が入ったのは、ダンプさんが娘の美香さんと戸隠へスキーに行っていた時のこと。カモシカ同人メンバーの1人、佐々木徳雄さんが営む戸隠小屋に泊まっていたという。

ダンプさんは美香さんを戸隠小屋に預けて、救助のために穂高へ直行した。現場に着くと、大雪の降る中、救助隊員とともに両角さんを必死に捜しまわった。しかし、いくら捜しても見つからない。さらなる雪崩の危険があることから、冬の捜索は中止せざるを得なかった。

「あの時は雪がすごく降っていて、現場へ行くにもラッセルをしなければならないような状態だったんです。二次遭難を起こすわけにいかないから、捜索の中止はやむを得なかったのですが、気持ちではどうしてもあきらめがつかず、重い足を引きずるようにして帰りました」

その後の捜索は、雪が落ち着く5月まで待たなければならなかった。ゴールデンウィークにはのべ１００人もの仲間が山へ入り、一緒に両角さんを捜したという。しかし手がかりは得られず、それからは1人で現場に残り、徳沢に張ったテントをベースに毎日のように現場へ足を運んだ。

「両角君のことが好きだったし、彼を山へ誘い込んだのは自分だという自責の念もあった。絶対に連れて帰りたいと思っていたんです。現場周辺を1人で捜索するのは耐えられないぐらいに孤独な作業でした」

そんな中、通子さんや涸沢の小林さん、徳沢の上條敏昭さんなどが差し入れをして、励ましてくれて、「人の温かさにもにも触れました」と振り返る。

両角さんが見つかったのはそれから2カ月以上が経った7月末のこと。ダンプさんが中心的に捜していたところよりも、さらに１００mほど下部で、「赤いリス」の若い会員たちが発見した。

「捜索に長い時間がかかってしまい、一人息子を亡くした彼のご両親はとてもつらかったと思う。両角君は結婚も決まっていて、お正月の穂高の帰りには実家で結婚式の打ち合わせをする予定だと言っていた。山での事故は本当に悲しいですね」

ダンプさんに大きな衝撃を与えた事故はほかにもある。親友で、日本の山岳ヘリレスキューの第一人者とも言われた篠原秋彦さんとの別れだ。

篠原さんは東邦航空松本営業所の所長として長年、北アルプス、八ヶ岳などの山小屋の物資輸送を取り仕切るかたわら、ヘリでの山岳レスキューに尽力してきた。

山岳地帯は地形が複雑なうえ、気象の変化も激しく、ヘリでの飛行が難しい。80年代までは、よほどの安定した場所でない限り、レスキューは人力によって行われていた。しかし、篠原さんはヘリを使えば、スピーディーになり、もっと救える命があると考えたのだ。もともと東邦航空は、物資輸送で培った高い技術を持っていた。篠原さんはパイロットや整備士たちとともにさらに技術を磨き、険しい山岳地帯でのヘリレスキューを積極的に行った。

それによって、遭難者を以前より短時間で病院へ搬送できるようになり、山の事故の生存率を上げることに大きく貢献。また、人力による搬送が短くなったことで、救助隊の負担や二次遭難のリスクも大幅に減った。そういう意味で、篠原さんは日本の山岳救助に革命を起こした人だ。東邦航空の出動件数はおよそ１７００回、救助した登山者は１０００人を超えるといわれている。

ダンプさんとの付き合いは、篠原さんが北アルプスの山小屋の荷揚げを任されるようになったころからだと言うから20年以上。カモシカ主催の涸沢スキーツアーの時には、ヘリでお客さんの板やブーツをよく運んでもらっていたそうだ。ダンプさんの箱根の別荘に集まったり、東京で飲んだりもしたという。

ダンプさんが１９９４（平成６）年にヘリテイジを安曇野に移すきっかけをくれたのも、篠原さんだった。

「ダンプさん、安曇野に来れば？　山が見えていいところだよ」

こう誘ってくれた篠原さんの一言で、安曇野への移転を決めたのだという。その後の土地探しなどでも、篠原さんは頼りになる相棒だった。移転後はヘリテイジと篠原さんの家が、車で10分ほどしか離れていないこともあって、しょっちゅう会っていたそうだ。

篠原秋彦さん（左）とダンプさん

カモシカスポーツ穂高店
オープン。2列目中央に
篠原さん、ダンプさんは
前列右から3人目

「安曇野にヘリポートがあったらレスキューの拠点のひとつとしてすごく助かる」という篠原さんの思いから、ヘリテイジの敷地内にヘリポートも造った。

「篠さんには世話になりっぱなしだったし、レスキューの活動に協力したい気持ちもあったんです。ヘリテイジのヘリポートはレスキューの際の中継地として、悪天候時の待機場所として活用されました」

　また、ヘリレイジのレスキュー用ハーネスも篠原さんと一緒に開発したものだ。ヘリテイジの野中さんが振り返る。

「ある日、篠原さんが手描きのメモを持って、ヘリレスキューの現場で使えるハーネスを作ってほしいと言って来たんです。遭難者はケガをしていることが多いから、手足を動かさなくても装着でき、安全にヘリに収納できるものが必要だった。篠原さんのメモを元にデザインを起こして、実用化しました」

　その後、レスキュー用ハーネスは形を変えて背負えるように改良された。長野県警と岐阜県警の山岳遭難救助隊からもアイデアをもらい、機能性を高めていったという。

「それが警察の装具コンテストで受賞して広まり、今ではほぼ全国の警察署から注文をいただいています。警察のほか、海上保安庁でも採用されていて、実はヘリテイジの隠れヒット商品になっているんですよ」

90年代の終わりころ、篠原さんはヘリレスキューをさらに本格化するために、東邦航空とは別会社を立ち上げようと考え始めた。その相談を持ちかけたのが、親友のダンプさんだった。ダンプさんはこの話に全面的に協力。民間でヘリレスキューを行っていたスイス・ツェルマットのエアレスキュー社を視察し、国内外の各機関に働きかけるなど、積極的に動いた。

穂高岳山荘の今田英雄さん、涸沢ヒュッテの小林銀一さんなどの協力も得て、2000年12月に日本初の山岳遭難救助を専門とする組織「トーホーエアーレスキュー」が発足。ダンプさんもその会社の役員として参加した。篠原さんの夢が現実のものになる。山の関係者たちは「レスキューの新しい時代が来た」と大きな期待をかけていた。

そんな時、信じがたいことが起こる。山岳レスキューのエースである篠原さんが、まさにそのレスキュー中に事故で命を落としたのだ。

2002年1月6日、トーホーエアーレスキューは長野県警からの救助要請を受けた。篠原さんはヘリに乗って、鹿島槍ヶ岳へ急行。遭難者4人を救助用ネットに収容し、篠原さんも一緒にヘリに吊り上げられた。しかし、麓へ搬送する途中で篠原さんだけが落ちて亡くなってしまったのだ。その時のことを、ダンプさんは肩を落として話す。

「篠さんが暮れにカモシカへ来て、『ダンプさん、冬靴がちょっと古くなったから新しいものが欲しい。お正月にレスキューが入ったらいけないから』と言って新しい靴を買ったんです。まさか、あの靴を履いて、亡くなってしまうとは」

篠原さんはすごく几帳面で、仕事には人一倍、厳しい人だったそうだ。トーホーエアーレスキュー立ち上げの時、ダンプさんは「会社の名簿に名を連ねているんだから、最新のレスキュー訓練を受けなければダメだ」と言われ、専門の訓練を受けさせられたという。

「その時、篠さんはレスキュー中に事故があってはならないからと、若手を厳しく指導していましたね。それなのに、彼が命を落とすなんて……」

その時のことを話してくれるのは、篠原さんのあとを引き継ぎ、２０００年に東邦航空松本営業所所長（現主幹）となった小松一喜さんだ。小松さんは篠原さんが考えた「空飛ぶセールスマン求む」というキャッチフレーズに惹かれて、１９８６年に東邦航空に入社。長年、右腕として篠原さんを支えてきた。

「僕にとって篠原さんは絶対的ボスでした。ある日突然、その篠原さんが亡くなって、これからの東邦航空をどうすればいいのかと、途方に暮れたんです。通常営業はもちろんですが、篠原さんがやってきたレスキュー会社も継続しなければならなかった。だって、篠原さんが亡くなっても、山の事故がなくなるわけではないですから」

実際、東邦航空は篠原さんの事故直後の2002年1月下旬の2件、3月下旬の3件を含め、この年に計65件ものレスキューを行っている。

そんな時に小松さんの大きな支えとなったのがダンプさんだった。悲しむ暇もなく、篠原さんがやっとかなえた夢であるトーホーエアーレスキューを存続させようと、奔走したのだ。

救助現場からも、ダンプさんの岩登り技術や、救助組織「東京ベルグバハト」での経験を求められた。時にはダンプさん自らがレスキューに関わる機会も増えた。第一人者だった篠原さんが急にいなくなって、その穴を埋めようとみんなが必死だった。

「ダンプさんには、事故が集中する年末年始に松本営業所でスタンバイしてもらい、要請が来たときにはすぐに出動できるように協力してもらいました。2004年1月1日には戸隠・西岳2峰で動けなくなった男性2名を、翌日の2日には常念岳山頂直下で低体温症の男性を、それぞれダンプさんが現場に行ってレスキューを行いました。普通の登山道ではなく、より難度の高いレスキューでアドバイスを求めることが多かったように思います」

ダンプさんの経験が光ったのが2003年夏、前穂高岳の屛風岩、雲稜ルートで起こった事故だ。屛風岩は高さ600mもの切り立った岩壁で、その東壁を貫く雲稜ルートはダイナミックな岩壁登攀ができることから、クライマーに人気のルートである。山岳ガイドが女性2人の客を連れて、雲稜ルートを登攀していた時、最終ピッチに近いところで落石が起こり、客の2人が滑落した。

ロープで確保されていたため致命傷は免れ、それぞれがちょっとした岩の隙間に引っかかっていた。ガイドは救助を求めるために、ケガをした2人を岩に残して、岩壁を懸垂下降、横尾へ向かった。ダンプさんに連絡が入ったのはその日の夕方で、日暮れが迫っていたため、翌日から救助に協力することになった。

しかし、夜明けとともにダンプさん、小松さんたちがヘリで現場へ行ってみると、そこは垂直な岩壁で、近づけない場所だった。遭難者に近づこうとすると、ローターが岩壁に当たる危険があって、3〜4mぐらいのところまでしか行けないのだ。ホイスト(つり上げるための機器)にぶら下がったダンプさんは一生懸命に手を伸ばしたが、どうしても遭難者には届かない。

それを見たパイロットが微妙に機体を振って、ワイヤーにぶら下がっているダンプさんを揺らした。その反動でダンプさんは岩に飛び移って、遭難者の元へたどり着くことができた。まさに、パイロットとダンプさんのあうんの呼吸が成した技だ。

「垂直の岩場で、てきぱきとレスキュー作業をするダンプさんを見て、やはり、クライマーは違うと思いました。僕は、あの現場を見た時に、レスキューは不可能だって思いましたから」

と小松さんは言う。

遭難者の1人は背中を強打していて骨折の模様。もう1人は胸を打っていて、呼吸の様子から折れた肋骨が肺に刺さっている可能性があった。

通常、岩場のレスキューでは、ヘリでの収容が可能な場所まで人力で遭難者を下ろすか、担ぎ上げるかする。しかし、そうは言っても、そこは垂直な岩壁だ。腰や背中を骨折している人を背負ったら脊髄《せきずい》に傷が付き、後に重い後遺症を負ってしまうかもしれない。さらに肺を損傷している女性はどんどん衰弱していて、命が持たない可能性もある。なんとか遭難者を動かさずにヘリに収容する方法はないか。ダンプさんは現場でできることを必死に考えた。そして思いついた奇策を、後から合流した涸沢からの救助チームとともに実行に移す。

まずはヘリから下がったフックを救助隊の1人が下部の岩棚でキャッチ。それを持って岩壁を登り、遭難者の元へ。遭難者を寝かせたストレッチャーにフックを取り付ける。ヘリが岩壁をゆっくりと離れるのに合わせて、岩壁側からもストレッチャーをロープで確保することによって、遭難者が振られないように工夫した。

「数センチ単位というぐらいに、ヘリはジワジワ、ジワジワと遭難者を引き上げて行きました。非常に繊細なレスキューで、よく成功したと思います。あうんの呼吸でこちらの動きに合わせてくれたパイロットの腕と救助隊のチームワーク。それがあっての救助成功でした」

同様の方法で、もう1人も病院へ搬送することができた。

後から聞いた話では、1人は腰椎骨折、もう1人は肋骨が肺に刺さって外傷性気胸だったという。ダンプさんの現場での判断通り、危険な状態だった。しかし、2人とも回復し、その後社会復帰したそうだ。

さて、篠原さんが亡くなった後、時代の流れもあって、東邦航空はヘリレスキューの現場から身を引き、トーホーエアーレスキューも解散に至った。ダンプさんはその後も山岳レスキューでの民間ヘリの必要性を考え、レスキュー会社を立ち上げようとしたが、いろいろな制約があって実現できなかったという。

「何とか篠さんの遺志を受け継ぎたかったのですが、難しかったですね。でも、篠さんがやったヘリレスキューは、関係者に大きな影響を与えました。もし…という話をしてもしょうがないけれど、篠さんが生きていたら、今とは違ったレスキューの形ができていたかもしれないね」

ダンプさんはそう言って、篠原さんの早すぎた死を惜しんだ。

第10章

山は差別も逆差別もしない

ダンプさんの意外な活動について、涸沢の小林銀一さんの話を紹介しよう。

ダンプさんは、日本とヨーロッパの都市の交流にも一役買っていた。姉妹都市協定を結んでいる松本市とスイスのグリンデルワルト、妙高市とフランスのツェルマットの2組4都市が交流するための「ダブル・アルプスの会」が2000年に発足し、代表を務めていた妙高市の植木毅さんが活動できなくなった後、ダンプさんが尽力していたという。

「私がグリンデルワルトやツェルマットへ行った時、ダンプさんがいろいろなところを案内して、現地の人を紹介してくれました。ダブル・アルプスの会が存続できたのもダンプさんの力があってこそでした」

ダンプさんが話を引き取る。

「グリンデル・ワルトやツェルマットの村長や観光局長が日本に来た時には、ウチ（安曇野）でパーティーをやって、大勢で盛り上がりましたね。みんなでワインを飲んで、食事をして」

「そうやって、両方の間を取り持ってくれたおかげで、長いこと交流が続けられた。よかったですよ」

ダンプさんは自分が山に登るだけではなく、自然教室の開催など、新しい登山者を育てる活動もしている。これまでも、たくさんの初心者を山へ引き込んできた。

「自然教室の生徒さんたちは『上高地を美しくする会』にも参加してくれて、上高地のゴミ拾いもやってくれました。ダンプさんが声を掛けると協力する人たちがいっぱいいて、大きな力になる。教室の生徒さんたちは卒業してもみんな、今もそれぞれに山登りを楽しんでいていいですね」

小林さんが感謝の言葉を口にした。

自然教室とは、カモシカが1994（平成6）年に始めた山の楽しみ方を学ぶ教室で、これまでの参加者が5000人を超える人気企画だ。現在も「カモシカ自然教室」として活動を続け、雪上訓練や山スキー、女子登山など、さまざまな企画を立て、自立した登山者の育成を行っている。

「安曇野で生活をするようになってから、初めて気づいたんです。信州の人たちはこんなにすばらしい山がすぐ近くにあるのに、意外に登山をする人が少ないんだって。それで、地元の人たちにも山に親しむきっかけとなればいいなと思って、自然教室を始めたんです」

ダンプさんは、安曇野周辺の低山から始めて涸沢や燕岳へなど、信州のいろいろな山へ行きながら、直接、参加者たちに山の歩き方や必要な装備を教えている。

「山の楽しさを知ってもらって、自立した登山者になってもらうことが目的だったので、一定レベルになったら卒業させて、あとはそれぞれに山を楽しんでもらうんです。なかには自然教室が楽しいので、卒業したくないという人もいるんだけど。僕はまた新しい人の面倒を見なければならなかったから、強制的に卒業してもらったこともありましたね」

私が小林さんの話で初めて知ったことがある。ダンプさんが視覚障がい者と登山をしていたことだ。

「シーハイルというグループの、視覚障がい者たちを山へ連れてきてくれたことは本当に感心しました。あれはすばらしい活動だった。あの子たちは涸沢の風に当たって、普段の生活では得られないものを肌で感じた。すごく喜んでいたよね」

「ああ、もう20年以上前ですよね。涸沢に4回ぐらい連れてきたかな。あとは燕岳にも行きましたね。初めはお手伝いしているつもりだったけれど、あの子たちと歩くことで、教わることもずいぶんありました」

　ダンプさんも懐かしむ。

　どんな山登りをしていたのだろうか。今もダンプさんと交流を続けている元シーハイルの中山利恵子さんに連絡を取った。すると、「ダンプさんのことなら何でも話します」と利恵子さんは喜んで当時のことを話してくれた。

「ダンプさんとの出会いからお話ししましょうか。シーハイルというのは、葛飾盲学校の卒業生サークルです。その前身は『雪国教室』といっていました。最初のいきさつは、私も子どもだったのでよくわからないのですが、雪国教室の活動資金を得るためにバザーをやっていて、そこに毎回、カモシカスポーツが出店してくれていたんです」

　雪国教室は、主に東北でスキーの練習をしていたそうだ。学校外、しかも有志の活動だったため、資金は自分たちで確保しなければならない。それを物心両面でサポートしてくれた企業のひとつがカモシカスポーツだった。カモシカはバザーでスキー道具やウェアなどを販売し、その売り上げを雪国教室に寄付していたという。

　利恵子さんは、盲学校卒業後もシーハイルの一員としてスキーの練習に打ち込んでいた。カモシカには、練習で使うゼッケンを作ってもらったり、フランスでのスキー合宿の時はみんなおそろいのウェアを用意してもらったりしたこともあったという。カモシカの取り次ぎで、ロシニョールの板やブーツを格安で手配してもらうこともできた。

そんなつながりがあって、利恵子さんは以前からダンプさんのことを知っていたという。

「私がはっきり覚えているのは、戸隠でのことです。戸隠でシーハイルのスキーができないかと下見に行ったことがあって、ちょうどダンプさんが戸隠小屋にいらしていると知ったので、夜、会いに行ったんです」

その時、ダンプさんがいろいろな山の話をしてくれたことが思い出に残っているという。

「ヨーロッパの岩登りとか、ヒマラヤ高峰の登山とか。話の中で氷河が出てきて、日本には氷河はないけれど、真夏でも雪に触れられる場所はあるよって教えてくれました。私はびっくりして、え！本当？と言うと、ダンプさんが『夏に山へ行って、触ってみるか？』って誘ってくれました。お前たちが頑張るなら、僕がサポートするよって言ってくださったんです」

ダンプさんは有言実行の人。次の年の夏、１９９３年にそれが実現し、シーハイルのメンバー5、6人が涸沢へ行った。ダンプさんは1対1のサポートでは足りないと考え、シーハイルメンバー1人につき、サポートボランティアを2、3人付けた。全体で25人ぐらいのグループで行動したという。

93年の涸沢を皮切りに、それから3年連続で涸沢へ、その後の2年は燕岳、そして最後の1年はもう一度みんなで涸沢を訪れた。ダンプさんとは計6回の登山を楽しんだことになる。

初めての涸沢で、利恵子さんは白杖で足元を確認しつつ、ボランティアの人に誘導してもらう形で登った。上高地を出発してから横尾に1泊、翌日はヒュッテ泊まり、帰りもまた横尾に泊まって、涸沢までの行程を3泊4日で歩いた。最初の横尾に泊まった時、「自然は、君たちに障がいがあろうとなかろうと、差別をすることはない。でも、逆差別（特別扱い、擁護）をすることもない。それが自然なんだ」というダンプさんの言葉に大きな衝撃を受けたという。

「だったら、この山が私たちをどれだけ受け入れてくれるものなのか、試してみたいと思ったんです。同時に、ダンプさんとだったら山へ行きたい、行けるところまで頑張りたいという気持ちになりました」

視覚障がい者が登山をする時の誘導法はいくつかある。20代前半だった利恵子さんは、そのころスキーでパラリンピックに出場することを目標にしていたので、スキーの時と同じように介助者に前を歩いてもらい、声かけで左右の指示を出してもらうだけで、ほかは自力で登った。

介助者に前や横を歩いてもらい、肘やザックにつかまる通常のガイド方法ではなく、1人で登ったのだ。しかし、涸沢まではいえ、段差の大きな急坂や急斜面を横切る箇所もある。

「そういうところでは、無理をして足だけで歩かず、四つんばいになることもありました。私たちにとっては、その方が早い場合もあるので。それでも健常者の1・5〜2倍ぐらいの時間はかかったと思います」

1年目、最初に涸沢へ行った時は帰りに梓川に足を浸けて、みんなで何秒浸けていられるか競争をしたそうだ。水がとても冷たくて、すぐにしびれてしまうような経験も初めてで、貴重な体験だったという。

2年目は、1日で涸沢まで行って、次の日に穂高へ登ろうと出かけて行った。しかし、天気が悪くなったので、ザイテングラートの下で中止して引き返した。でも、涸沢に下りてからみんなで雪を探そうということになり、涸沢を歩いて雪を探して、雪合戦をして遊んだそうだ。

「ダンプさんが言っていたように、涸沢には本当に夏でも雪があったんですね。3年目はもう1回涸沢へ行って、その時は穂高岳山荘まで行けたと思います。でも、山頂へは行けなかったから、私たちは結局、奥穂高岳までは行っていないんですよ」

山頂へ行くのを止めたとき、ダンプさんはみんなにこう言ったそうだ。

「頑張って登ることは大事だけれど、止める勇気はもっと大事。お前たちが登れるまで、僕はいつまでも付き合うよ」

でも利恵子さんはこう言って笑った。

「ダンプさんはそう言ったけれど、穂高は結局、それっきりになっちゃったんです。今でも付き合ってもらえるのかな?」

天気が悪くて動けず、涸沢に滞在していた時、滑落事故が起こった。

その救助のための無線連絡が頻繁に涸沢ヒュッテに入り、利恵子さんにも聞こえてきた。子どもの目の前でお父さんが滑落した模様で、とても緊迫していたという。ダンプさんも出動しなければならないかも、という状況で、利恵子さんは緊張した。最終的にはヘリが飛んで、ダンプさんが行かなくてもよくなったが、その時、山は楽しいだけじゃなくて事故も起こるんだということを教わったという。山を歩くペースとか、必要な装備とか、ダンプさんが山の安全に関わる話をする時、ひと言ひと言、聞き逃さないように聞いた。

「ダンプさんのおかげで自然の優しさと雄大さ、そして怖さと厳しさを知れたと思うんです。遭難をするというのはどういうことなのかも話してくださいました。遭難してしまった本人より、その周りの人が大変なんだよって。だからこそ、ちゃんとした装備で山に入らなければならないし、慎重に行動しなければならない。そうやって気を付けて行っても、自然では何が起こるかわからない。そんな時、人は太刀打ちができないことだってあるんだよって。体調管理の大切さ、条件の悪い時に無理して行くものではない、と思い知りました」

ピークに立つことを目標とし、4年目からは燕岳へ行くことになった。利恵子さんは白杖を登山用のダブルストックに持ち替え、声掛けはしてもらったものの、サポートはそれだけで、自力で山頂に立ったそうだ。

「それがすごく大きな自信になりました。自分も山に登れるんだと思って。下りは危ないのでサポートしてもらいましたけどね」

燕岳へ行ったときは2年ともブロッケン現象に会い、6年目に涸沢へ行った時は下山間際に虹がかかった。おもしろい気象現象が起こっただけでなく、利恵子さんは特別な体験もしたという。

「山って不思議なことが起こるものですね。今は完全に見えなくなってしまったのですが、そのころの私はまだ残存視力があって、光がついているか、消えているかぐらいはかろうじて見えていたんです」

ある夜、涸沢のテラスに上がって空を見ていたら、向こうの方に光がついたり消えたりしているような感じがした。もう自家発電を切った後で、こんな時間に電気はないはずだったので、「あの光はなに?」と聞いたら、誰かが「あれは金星」だと教えてくれた。「え?」と驚いていると、「それなら上を見てごらん」と言われ、ふっと上を見たらなんとなく明るかったそうだ。

「その明るいところを指でなぞってごらんと言われて、上を向きながら頭の上を縦になぞったら、『それは天の川です』って教えてくれたんです。私たちの視力では星を見ることなんて一生できないと思っていたのに、涸沢で星を見せてもらった。あれは忘れられません」

翌日、利恵子さんはダンプさんに星を見た話をした。

「リエ、水平に手を伸ばしてごらんって言われて、手を伸ばすと、ネパールではその高さに星が見えるんだよって言うんです。ダンプさんがそんなことを言うから、いずれはヒマラヤねってふざけて笑ったりもしました」

利恵子さんが見たのは星だが、月を見た友だちもいたそうだ。視力の弱い人にとっては、月はただの光にしか見えず、満月でも半月でも区別はできない。しかし、涸沢では月の形まで見えたのだという。

「本当の自然の中では、そういう不思議が起こることを私たちは身を持って体験しました。残った視力を山でフル活用できたんです。だから、私だけじゃなくて、みんなも一生の思い出になったんじゃないかな」

一方で、ダンプさんが気づかされることもあった。

ある時、利恵子さんは山を歩きながら、花のいい匂いに気がついた。ダンプさんに伝えると「え？　ここには花なんてないよ」との返事。でも今、すごくいい匂いがしたんだけどな、と思っていたところ、しばらくしてダンプさんが、後ろからドタドタと追いついてきた。

「おいリエ、悪かった。花があった！」

利恵子さんがどこに？　と聞くと、大きな岩の向こうに花の群落があったのだという。ダンプさんからは見えていなかったが、利恵子さんが花だと言うので岩の向こうをのぞいてみたら、たくさん咲いていたそうだ。

ダンプさんはその時、今までほとんど花を見ないで山を歩いていたことに気づいたという。

「いつまでも付き合うと言ってくれた約束がまだ残っているし、また涸沢へ行ってみたいです。時間がとれたら、涸沢でなくてもいい、何よりダンプさんとまた山へ行きたいですね。そして、ダンプさんと歩きながら、あの時に聞いたような山の話をまた聞きたいです」

ダンプさんが言った「自然は差別も逆差別もない」という言葉は、その後の利恵子さんに大きな影響を与えた。

「今でも、私の大きな励みになっている、宝の言葉なんです。ダンプさんと歩いた短い時間の中で、私はとてもたくさんのことを吸収させてもらいました」

ダンプさんとの登山は、利恵子さんにとってかけがえのない経験だった。

第11章

これからのカモシカスポーツ

カモシカスポーツは高田馬場にある本店に加え、１９９４（平成６）年に横浜市の桜木町に2店舗目を出店、１９９９年には穂高店をオープンさせ、３店舗の展開となった。そして横浜店は２０１０年に横浜駅東口に、穂高店は２００４年に松本へそれぞれ移転し、現在に至る。社員が23名、アルバイト15名の陣容だ。

本店は昔ながらの登山用品店の老舗としての雰囲気を残し、豊富な登攀具が揃うのが特徴。横浜店、松本店は広々とした店構えで、広いスペースを活かしたディスプレイがされている。

１９６４（昭和39）年、ダンプさんが東京中野にわずか3坪という「世界で一番小さな山の店」を開いてから55年、カモシカスポーツはコツコツと、しかし確実に成長してきた。

その歴史のなかには岩登りブーム、百名山ブーム、山ガールブームと登山業界が沸き立った時代もあれば、オイルショック、バブル崩壊、リーマンショックなど、大きな経済のうねりも体験した。

そんな浮き沈みの大きな時代の流れの中でも、カモシカスポーツは無借金でやってき

登攀具が豊富に並び登山用品店の老舗の趣を残す本店（写真上）、圧巻の店内スペース、品揃えを誇る横浜店（中）、そして2004年にオープンした松本店（下）は外観にもこだわった

たし、M＆Aを行うこともなく、独自の経営を貫いてきた。

「僕の親父は事業に成功しては、少し余裕ができると新しいことを始めたり、賭け事にのめり込んだりして、何度も失敗していました。子どものころは浮き沈みの激しい暮らしで、そんな父の姿を近くで見ていた影響があるかもしれませんね」

謙虚な経営の裏には、子どものころの体験がある。

「僕はいいかげん（良い加減）ですから」

これはダンプさんの口癖だ。

「僕は自分の性格を自身でわかっているつもりだし、自己の限界線を知っている。今から思うと、臆病なところもあって、冒険をしていても一歩手前で押さえたところもあったと思います。登山家としてはちょっと中途半端だったかもしれないですけれど、山の仲間が命を落とすなかで僕が今生きていられるのは、一歩手前で立ち止まったことがあるかもしれませんね。何事も、ほどほどがいいんです」

そんなダンプさんの経営を長い間、同業者として見続けてきたのが元ＩＣＩ石井スポーツ代表取締役の横田正利さんだ。ダンプさんと同年代の横田さんは、カモシカスポーツのライバル企業ともいえるＩＣＩ石井スポーツで、登山業界をともに歩んできた。

「ダンプとは不思議と若い時から馬が合ってね、親しくなったのは1972年、札幌オリンピックの時なんですよ。取引先のニチレイスポーツがオリンピックの観戦ツアーを用意してくれて、それに私もダンプも参加したの。個人ではとてもチケットが取れなかったからね」

その札幌ツアーでダンプさんと1週間、一緒に過ごしているうちに仲よくなったそうだ。オリンピックは「日の丸飛行隊」ですごく盛り上がっていて、横田さんはダンプさんとジャンプのほか、男子のスキー大回転を観戦したという。

「見たような気がするけど、正直に言うとあんまり競技の内容は覚えていなくて。毎晩、ダンプとバーで飲んだことはよく覚えているね（笑）ダンプは今井通子さんと結婚したばかりで、こんなゴツいヤツが、美人の今井さんと一緒になったっていうんで、そりゃあ驚いたね」

歯に衣着せぬ口調で、出会ったころを懐かしむ。同じ登山用品店の経営者としてダンプさんをどう見ているのだろうか。

「ダンプみたいに山に登りながら店のオーナーをやって、成功した人は少ないんですよ。遠征へ行くと長期で留守をするから、その間に店がおかしくなっちゃうんだよね。ダンプにはお兄さんがいたっていうこともあるけれど、上手にやったよね」

店が軌道に乗ると、たいていは次々と店舗を増やして大きくしたくなるのが経営者だそうだ。

「でも、アイツはあんまりそういう欲を出さなかったね。だから成功したんじゃないの。今は本店と横浜、松本の3店舗だろ。そのくらいだと店を誰かに任せても、ちゃんと目が届くからいいんだよ。ウチみたいに20店舗以上あると、社内会議をするっていったって大変だもん」

長年同じ業界で、仕事に励んできた横田さんならではの率直な話だ。

一時、登山業界の仲間うちでゴルフに凝ったことがあったという。しかし、ダンプさんはしばらくすると、自分はゴルフに向いてないと言って、すっぱりと止めてしまった。

「意外にダンプは一途なんだよ。山にね。彼は結局、山にしか興味を向けなかった。常に気持ちの主がそこにあったから成功したんだろうなあ」

横田さんは、アイデアマンとしてのダンプさんにも一目置いている。

「エベレストのネパール側、中国側のそれぞれから登り、頂上で奥さんと会うというランデヴー登山を計画するなど、誰も思いつかないことを考えたりして。アイデアといえ

2018年の『山と溪谷』創刊1000号
感謝の会にて横田正利さん（左）と

ば会員限定割引になるエコバッグもあったな。ああいう細かいことも思いつくのがダンプなんだよ」

エコバッグとは、1991年からカモシカスポーツが取り入れた環境保護の取り組みだ。まだ今ほど環境に対する意識が一般的になる前から、一度使ったら捨てられることの多いビニール袋を店で渡すのはもったいないと考えた。

それならば、カモシカの会員限定メンバーズバッグをお客さんに買ってもらい、以後の買い物の時にはそれを活用してもらう。そしてカモシカのバッグを持っているお客さんは店頭表示価格から5%割引。カモシカはビニール袋代を節約できるし、お客さんも商品を安く買える。両方にとってメリットのあるこの取り組みは、今でも継続され、会員数を増やしている。

もうひとつ、ダンプさんの経営の特徴といえば、カモシカスポーツとヘリテイジ、2社のオーナーでありながらそれぞれは全く別会社であることを社員にも徹底して理解させてきたことだ。ダンプさんは言う。

「ヘリテイジで造った商品をカモシカで売ればいいという考えだと、お互いに甘えが出てしまう。それではダメで、別会社で甘えのない関係ながら、切磋琢磨し合えるような2社にしたかった」

カモシカは買いたいと思う製品がヘリテイジになければ買わない主義。そうすると、ヘリテイジは何としても売れる物を開発しようという意欲が湧く。

「ヘリテイジが頑張っていい製品を作ったら、今度はそれをカモシカが一生懸命売って、売り上げを伸ばす。そうするとカモシカのオリジナリティが高まって、他の店と差別化ができる。また、カモシカでは市場のニーズがわかるから、それをヘリテイジに還元する。ヘリテイジはカモシカのアイデアを製品造りに活かす。そういう相乗効果のある関係性でいたいんです」

今は、この2社の独立性が進み過ぎて、逆にパイプが弱くなっていることが課題なのだと言う。両社の橋渡しをするのが「僕の最後の仕事」とダンプさんは言い切る。

２０１９年春、カモシカスポーツは大きな転機を迎えた。ダンプさんが代表取締役社長を引退したのだ。

「自分の会社かわいさに、オーナーがいつまでも居座っていてはならない。初めは人のためにという気持ちで仕事をしていても、権力がついてくるとオーナーはだんだんと独裁者になってしまうもの。僕はそういう風にはなりたくないからね」

常日頃、「人生は引き際が大事」と言っているダンプさんらしい。

「まだまだ働ける自信はあるし、いろいろなアイデアも出せると思うけれど、僕が身を引くことで、社員たちにチャンスを与えたいんだ。もっと自分たちの力を活かせるような、そんな組織になってくれたらいいかな」

ダンプさんのあとを引き継ぎ、カモシカスポーツの代表取締役社長に就任したのが佐藤日出雄さんだ。１９９０年、カモシカスポーツに入社。30年にわたって社を支えてきた。もともとはダンプさんのスキー仲間で、カモシカのお客さんだったという。

「私は社長に逆らってばかりいたので、いつクビにされるかわからないような社員だったんですけど、次期社長に任命されました（笑）。昔、高橋社長はわがままオーナーで、白を黒だと言ったら社員はそれに従うしかないようなところもあったのに、ずいぶん変わりました。若手の社員が入って来たこともあって社の雰囲気も変わって、どんどん意見交換ができているのは、とてもいいことだと思います」

佐藤さんは、自分は年齢的に長くは社長を務められないので、次の世代へ繋いでいくことが役割だという。

「高橋社長が店を始めた時の最初の理念『登山者にやさしい店』というのは、第一に伝えていかなければならないことです。また、登山用具専門店であることがブレないように、カモシカの独自性も大切にしていきたいですね。難しいことですが」

若い社員にもカモシカスポーツという会社をさらに好きになってもらいたい。そのうえに成り立つ仕事だと思うので、という静かな語り口にも、カモシカ新時代への意気込みが感じられる。

「それにはどうするかって考えているところなのですが、そんなことばっかり考えているから、あなたは最近、急に経営者っぽくなってきたわねって、家でかみさんに言われちゃうんですよ」

佐藤さんは少し照れて頭をかいた。

ダンプさんは会社を辞するにあたって、若手社員を数回に分け、ヨーロッパアルプス、またはヒマラヤのどちらかで社員研修を行った。私がヨーロッパアルプスに同行させてもらったのも、そのひとつ。会議室のような窮屈で改まったところではなく、旅行をしながら長い時間を一緒に過ごし、お互いに打ち解けた中で胸襟を開いた話をしたいという趣旨だ。もちろん、日本から飛び出し、まだ訪れたことのない地での見聞を、これからの仕事に活かしてもらいたいという気持ちもある。

ヨーロッパアルプスの研修は10日間の日程で、フランス・シャモニとスイス・グリンデルワルトを訪れ、トレッキングをしたり、現地の方々との交流をした。ヒマラヤコースは約2週間かけて、ルクラ~ナムチェバザール、ゴーキョピークのトレッキングを行った。

その間にダンプさんは、時間を見つけて、カモシカの個性を大事にする企業理念、そして社員に期待することなどを丁寧に話していた。社員たちのこれからやりたいこと、働くうえでの要望などに耳を傾けた。

ヒマラヤの社員研修に同行した佐藤さんはこう言う。

「社員研修はいい刺激になったようで、最近はそれぞれがより楽しそうに仕事をしているように見えます。旅行中に職場ではわからないようなそれぞれの性格も知ったりして、社員同士も以前よりわかり合えたのではないですかね」

新時代を迎えるカモシカスポーツ。これからのさらなる成長が楽しみだ。

第12章

安曇野での暮らし

冒頭にも書いたように現在、ダンプさんは主に安曇野のヘリテイジ横にある家で暮らしている。アルプスの山々を眺め、庭木を手入れしながら、訪れる友人たちを迎える日々だそうだ。そんなダンプさんの家で、信州での生活について聞いた。

大きな一枚板のテーブルが置かれたリビングは、イスに腰掛けるとゆったりと落ち着いた気持ちになる。ヘリテイジと同じように、壁も床も木のぬくもりを感じる部屋だ。

窓の外には、庭に植えられた木々の花がよく見える。ダンプさんは整理されたキッチンに立ち、コーヒーをドリップしてくれた。

「今はソメイヨシノ、ヒガンザクラがきれいだけど、それが終わるとヤエザクラが咲くんですよ。そのなかには、去年、山の教え子が買ってきてくれたヤエザクラの苗木もあって、ピンクの優しい色合いの花を付けるんですね。それが咲くのを今、とっても楽しみにしているんです」

桜だけで5種類30本、庭全体では20種類300本ぐらいの木が植わっている。それらは1本、1本、ダンプさんが手植えをしたもの。なかにはパラグライダーで交流を深めた女優の吉永小百合さんから贈られたり、登山の友人、釈由美子さんがプレゼントしてくれたソメイヨシノもある。

桜の木が大きく育ち、安曇野の自宅の敷地はまるで公園のようになっている

「僕は山に限らず自然が好きだから、以前から自宅にも森のように木をたくさん植えようと思っていたんです。でも、初めは植えてもうまく育たなくて、枯れてしまったこともありました。その時に木が枯れるというのはこんなに悲しい気持ちになるものなのかと、初めて知りましたよ」

育たない原因を調べたところ、かなり昔、この土地は田んぼとして利用されていたことがわかった。庭を掘ってみると、深さ1・5mぐらいのところに水止めの粘土層が入っているという。水はけが悪かったのだ。それに気づいてからは、小型のパワーショベルで粘土層より深く掘り、木を植えるようにした。そうしたら見違えるように大きく育つようになったので、それまでに植えた木の周りも全部掘り返して、水はけをよくした。

「もちろん木のためでもあるんですけれど、パワーショベルを操るのがおもしろくて。ゲーム感覚で夢中になってしまって、暗くなってからもライトを付けて作業していましたよ（笑）」

向こうにあるのはシラカシの木で、ドングリを拾って育てたものが今はあんなに大きくなった。小さなドングリからずっと成長を見守ってきたから、特別な思いがある。その向こうは春になると真っ先に花をつけるモクレン。あそこのドウダンツツジは初夏に白い花を咲かせるし、秋は真っ赤に色づいて庭が明るくなる。コブシやヤマボウシも。季節感のある木を中心に植えてきた……。

「花を見たり、伸びすぎた木は枝によじ登って剪定をしたり、その枝で薪を作ったり。次々と作業することがあって、おもしろいんです。これも安曇野に来たからできることなんですけど」

あの木はいつ植えたもので、この木にはこんなことがあってと、庭の木1本1本に対して、こんなに愛情たっぷりに語るダンプさんは初めて見る。

「安曇野で暮らしてしばらく経ったころ、社員から『社長は最近優しくなりましたね』って言われたことがあったんだけど、そうだとしたら木の手入れをしているおかげかもしれませんね。人間って環境によるのかな。もちろん都会に住んでいても優しい人はいっぱいいるけれど、僕は今、たまに東京に行って、朝の通勤ラッシュに当たるとイラついてしまう。安曇野の環境が僕を変えたのかもわからないね」

ダンプさんは、この先も安曇野に暮らすつもりで、最近、自宅をリフォームした。

「前は2階が僕の部屋だったんですけど、それだと将来的に生活が大変になるだろうから、自分の部屋を新しく1階に作ったんです。今度はバリアフリーにして。車椅子でも入れるし、もし何かあったときのために担架も入れられるようにドアも工夫したんですよ」

本当はまだまだ会社に顔を出したい気持ちはあるけれど、出社してしまうとつい首を突っ込みたくなる性格。仕事のことは社員に任せて、これからはここでのんびり暮らそうと思っているという。

しかし、ダンプさんは「のんびり」と言うけれど、なかなかそうはいかない日常のようだ。信州では一番会う機会が多い40年来の親友、涸沢ヒュッテ社長の山口孝さんが証言する。

「ダンプさんは、今は薪作りに凝っていますよね。大きくなった庭の木を切って、それを割って薪を作っている。次々と木を切るもんだから、数十年間も使えるぐらいに大量にできちゃって、そんなにあったら生きているうちに使いきれないよって冗談を言ったんですけど。業者に頼むこともできるんですが、自分でやりたいんでしょうね。全然じっとしていないから」

じっとしていられない——。それがダンプさんだ。

春になると、毎週のように友人たちを自宅に招いて、桜の木の下でパーティーをやっている。山の友だちもいれば、仕事関係の人、海外からのお客さんまでいろいろな人が集まる。1回のパーティーで、多い時には20～30人が集うこともある。

「ダンプさんはすごくマメで、そのたびにみなさんに手料理を振る舞うんです。数日前から食材や飲み物の買い出しをしたり、煮込み料理の下ごしらえをしたりして、1人で準備をしているんですよ。それも、素材の一つひとつにこだわるから大変。あれはきっと誰にも真似できないと思いますよ」

料理に関してのこだわりは、ダンプさん自身がこう言う。

「僕は料理が好きで、自分でいろいろ研究してきましたね。ある時はぶり大根、ある時はカレーといったように、自分の求める味が出せるまで、何カ月もかけてトライするんです。失敗しても、繰り返し繰り返し挑戦していると、ある時、自分なりの調理方法をひらめくんですよ。そうやって作ったものは1人では食べきれないから、友だちの家に届けに行く。ぶり大根の時は車で往復1時間以上かけて、孝さん（山口さん）のところへも届けたことがありました」

自宅に友人たちを呼んで、毎年開催している花見の会

手作り料理で友人たちをもてなす。写真は自家製のキッシュ

最近、マスターしたのが金目の煮付けだという。

「あれも、どうしたらふわっとした食感を損なわずに煮られるか、繰り返し研究しました。料理の本には、魚の煮物はあらかじめ味付けした煮汁に魚を入れることとなっているけれど、そうじゃなくて、酒と水で軽く火を通してから、少しの砂糖と醤油で煮るのがいいんです」

プロ向けの料理専門誌から取材を受けたこともあるという通り、料理人顔負けのこだわりだ。ダンプさんはひとたび熱中すると、何事にも納得するまで打ち込むようだ。


山口さんの話には続きがある。

「ダンプさんのすごいところは、パーティーで大勢を呼んで、みんなが帰った後に、また1人で片付けをすること。食器の洗い物などは皆でワイワイとやるんですけど、布団を干したりとかシーツを洗ったりとか、そのあとの片付けもあるじゃないですか。それもダンプさんが全部やっているんです。男の一人暮らしだと、普通は物が散らかって埃っぽくなるよね。でも、ダンプさんの家はいつもきれい。どうやったら、きれいな状態を保てるのか、見習いたいですよ。でも、洗濯も掃除も楽しんでやっているようで、

『俺は洗濯物を取り込む時のお日さまの匂いが好き』とか言うんです。結婚していなかったら、奥さんに欲しいよね（笑）」

ダンプさんは人が好きで、それも身近な人たちを喜ばせるのが何よりも好きだ。昔、ヨーロッパに行った時、ロンドン・ヒースロー空港で「ロマネ・コンティ」という高いワインを見つけた時、その場でためらわずに買ったことがあったという。

「値段を見て、日本価格の半分で買えると言って。びっくりしましたね。半額といっても数十万円はしましたから」

スイスでは直径40㎝ぐらいある大きなラクレット・チーズをふたつ三つ買ったこともある。ダンプさんは大きな買い物をするのが好きだけれど、そういうのは全部、自分のためではなくて誰かのためなのだ。

「ワインも自分で飲むというよりは、パーティーに来た人を喜ばせたいと思って仕入れているんですよ。長く付き合っているとわかります。愉快で気心知れた山仲間と楽しいひとときを過ごしたいという熱い思いが人一倍強いんですよね。」

ダンプさんには安曇野をベースにして、これからも自分なりの冒険をしていきたいと言う。昔のような山登りはできないけれど、これからも体の動く限り山登りを続けるつもりだ。

「危ないことをやろうというのではなくて、今の自分に合った冒険を見つけていきたいですね。例えば、遠征時代にお世話になったシェルパたちをネパールに訪ねたり、ヨーロッパの古い友人たちに会いに行ったりするのもいいかもしれない」

優秀な若手クライマーを育てるアカデミーを作るという新しい夢もある。

「これは、簡単にはいかないから、今は、いろいろな人に相談しながら慎重に検討しているところ」

そして、ダンプさんが最近、密かに楽しみにしていることがある。それは通子さんとの暮らしだ。

「最近、通子がよく安曇野に来てくれるようになったんだよ。山へ行った時とか白馬にある畑で作業をした後に安曇野に寄ってくれる。それで、僕の料理をおいしいって食べて行く。どうやら通子もそれを楽しみにしているみたいなんだ」

ダンプさんはちょっぴりのろける。

「前は顔を合わせればすぐにケンカになったけれど、最近はお互い、素直な気持ちで一

安曇野でお茶を楽しむ
ダンプさんと通子さん

緒にいられるようになったかな。この前、スイスへ行ったように、最近は2人での旅行も楽しんでいるし、以前よりずっと一緒に過ごす時間が増えたよね。今までは、それぞれのやりたいことを尊重するのが、僕たちの夫婦の形だったけれど、これからは一緒に過ごすのがいいかもしれないね」

そういえば、シャモニで近藤さんから話をうかがった時、ダンプさんが通子さんの前でぽろりとこぼした言葉がある。

「若い時は初対面の人を紹介されると『ああ、今井通子さんの旦那さんですね』って言われて内心、悔しい思いもした。でも、そうやって反発する気持ちをエネルギーに変えて、ずっと頑張ってきたんだ。まあ、いまだに『今井通子の…』って言われることもあるけれど、今はそんなこと全く平気。僕は僕なりに精一杯、努力してきたっていう自負があるから」

その言葉に通子さんはそっと微笑んだ。

ダンプさんのこの言葉にすべてが凝縮されている気がする。

そう、高橋和之はツイている人ではなく、紛れもない努力の人なのだ。これからもパワーの塊のような行動力で、私たちを驚かせ、喜ばせてほしい。

ダンプさんからのメッセージ

２０１９年3月末でカモシカスポーツの第一線から退きました。

もともと私は65歳で引退しようと考えていて、15年ほど前に専務（兄）に社長交代を打診しましたが、彼は固辞しました。彼は、その数年後に癌が発覚し、3年の闘病の末に亡くなりました。今思うと頑なに社長を辞退していたのは、自分の体の変化を感じていたからかもしれません。専務の兄と築いてきたカモシカスポーツ。私が山登りで長期間留守にできたのも、大好きな涸沢に長期間滞在できたのも、彼が留守中のカモシカを守ってくれたおかげです。

カモシカが個人経営から株式会社に移行する時、妻通子のお父さんも祝福してくれ出資してくれました。結婚に強く反対していたお父さんでしたが、結婚後は物質的にも精神的にも援助をしていただきました。銀行口座を開くとき、保証人の印鑑を何のためらいもなく押してくれた妻通子。彼女はカモシカスポーツの株主にもかかわらず、一切経営に口出しをしませんでした。

14歳で東京牛込第三中学を卒業し、「杉江商店」へ就職。6年間まともに働いていなかった私ですが、店主（私が就職した数年後に株式会社へ）には辛抱強く使っていただきました。今思うと恥ずかしい日々でした。社長の杉江五雄氏は満足に働かない問題児を首にもせずに、自動車運転免許まで取らせてくれました。何も恩返しできなかったことが今でも心残りです。

16歳で出会った山登りの世界。山を通じて出会った人々。自分のことのように心配し、中野に店を探してくれた中野労山の皆さん。電車では仕入れもままならないと、50 ccのホンダ・カブを寄付してくれた新藤君。人から人へ広がっていたお客さんの輪。そんな登山者の輪に支えられた55年間のカモシカスポーツでした。

社長引退までの15年間目指していたのは、無借金、一定の金額の内部留保、雇用条件の改善、より登山者に優しい店。こんなことを目標にして、結果的に15年かかりました。私自身、15年間も目的を持って努力を積み重ねたのは人生で初めてです。全てが確立してのバトンタッチではありません。最後の二つはこれからもカモシカスポーツの一人一人に努力してほしい事柄です。

こうしたことを真剣に悩んで実現に向けて努力したり、社長引退を潔く決断できたのも、20年程前から1人で住むことの多くなった安曇野穂高の環境と、孤独な時間が多くなったおかげかもしれません。

私が物事を悩んで実行する時にモットーにしている心構えがあります。目的と手段を取り間違えない。プラスの要因はマイナスになる。逆にマイナスの要因はプラスになる。これは、ヒマラヤ遠征やカモシカスポーツを経営する中で学んだり、常に点検してきたりしたことです。

ちょっと寂しさを感じる今日この頃ですが、いよいよこれからが「人生クライマックス」と自分に言い聞かせ、夢を追いかけ実現させます。

こんな適当に生きてきたややこしい男「ダンプ」をテーマに、1冊の本にまとめてくれた努力は並大抵ではなかったと思います。私のことをちょっとほめすぎですが、小林千穂さんには大変感謝します。ありがとうございました。

２０１９年4月

高橋　和之

あとがき

ダンプさんの歩んだ道を本にするという企画のお話をいただいた時、大変な光栄だと思う一方で、ダンプさんの壮大な半生をまとめる作業が、果たして私にできるだろうかという不安な気持ちもありました。

私はダンプさんとは20年のお付き合いをさせていただいています。しかし、私が見ているのは経営者として、すでに成功している姿。折々に冒険の話は聞いていたものの、今思えば、ほんの一面しか知りませんでした。私は昭和50年生まれで、ダンプさんをはじめ、日本じゅうが登山ブームだった昭和30～40年代のことを知りません。

そこで、私が知り合うより以前からダンプさんのことを知る各方面の方々に会い、インタビュー取材をすることにしました。取材には1年を要しましたが、それぞれの方からうかがう話が実に楽しく、以前に増してダンプさんがしてきた冒険の数々と、その時代に引き込まれていきました。まるで、ダンプさんが歩いてきた道をそのままトレースするように、時にはスリルに手に汗を握り、時には空を飛ぶような気持ちよさを感じながら、一気に書き上げることができました。

快く取材に応じてくださり、体験談をお話しくださった方々にお礼を申し上げます。

また、このような機会をくださったダンプさんに心から感謝いたします。

なお、執筆にあたっては書籍のほか、山岳専門誌『山と溪谷』を資料として活用しました。私の手元にある1974年から87年までのバックナンバーは、山の大先輩である金邦夫さんの蔵書を譲っていただいたものです。ちょうどダンプさんがダウラギリⅣ峰遠征からエベレストに挑戦した登山家としての最盛期と重なり、時代背景を知るうえで、たいへん貴重な資料となりました。

また、信濃毎日新聞社の山崎紀子さんには長期にわたって支えていただきました。どうもありがとうございました。

ダンプさんを描いたこの本が、多くの人に勇気を与え、山人生の参考になったら幸いです。

小林　千穂

引用・参考文献

『ダンプ、山を行く　ある山男の自画像』（山と溪谷社）高橋和之著
『ダンプさんのエベレスト日記』（朝日新聞社）高橋和之著
『ヒマラヤを翔ぶ』（朝日新聞社）高橋和之、今井通子共著
『魔頂チョモランマ』（朝日新聞社）今井通子著
『私の北壁』（朝日新聞社）今井通子著
『続・私の北壁』（朝日新聞社）今井通子著
『私のヒマラヤ』（朝日新聞社）今井通子著
『こんな生き方がしたい　医師・登山家　今井通子』（理論社）山本素子著
『銀嶺の人　上・下』（新潮社）新田次郎著
『ザイルのトップ』（白水社）フリゾン・ロッシュ著　近藤　等訳
『穂高聖夜』（朋文堂）山崎安治著
『精鋭たちの挽歌』（山と溪谷社）長尾三郎著
『エベレスト、登れます。』（産業編集センター）近藤謙司著
『空飛ぶ山岳救助隊』（山と溪谷社）羽根田　治著
『岳人備忘録』（東京新聞）山本修二編著

著者略歴

小林千穂　こばやし・ちほ

静岡県出身、山岳ライター・編集者。登山好きの父に連れられて子どものころから家族で山に親しむ。涸沢ヒュッテ従業員、山岳写真家・内田修氏のアシスタントを経て、フリーのライターとして活動。里山歩きから雪山、海外の山まで幅広い山登りをしている。著者に『DVD登山ガイド穂高』（山と溪谷社）、『失敗しない山登り』（講談社）、『女子の山登り入門』（学研）などがある。

山人生いぃ加減

登山家・高橋和之《ダンプさん》の歩んだ道

2019年5月15日　初版発行

著　者　小林千穂
発　行　信濃毎日新聞社
〒380-8546　長野市南県町657
Tel 026-236-3377　Fax 026-236-3096
https://shop.shinmai.co.jp/books/
印刷所　大日本法令印刷株式会社

ISBN978-4-7840-7350-4 C0095

定価はカバーに表示してあります。
乱丁・落丁本は送料弊社負担でお取り替えいたします。